南琦——著

好想找人說說話

與臨床心理師的話療之旅

遠流

《大眾心理學叢書》

出版緣起

王榮文

一九八四年，在當時一般讀者眼中，心理學還不是一個日常生活的閱讀類型，它還只是學院門牆內一個神祕的學科，就在歐威爾立下預言的一九八四年，我們大膽推出《大眾心理學全集》的系列叢書，企圖雄大地編輯各種心理學普及讀物，迄今已出版達二百種。

《大眾心理學全集》的出版，立刻就在臺灣、香港得到旋風式的歡迎，翌年，論者更以「大眾心理學現象」為名，對這個社會反應多所論列。這個閱讀現象，一方面使遠流出版公司後來與大眾心理學有著密不可分的聯結印象，一方面也解釋了臺灣社會在群體生活日趨複雜的背景下，人們如何透過心理學知識掌握發展的自我改良動機。

但十年過去，時代變了，出版任務也變了。儘管心理學的閱讀需求持續不衰，我們仍要虛心探問：今日中文世界讀者所要的心理學書籍，有沒有另一種層次的發展？

在我們的想法裡，「大眾心理學」一詞其實包含了兩個內容：一是「心理學」，指出叢書的範圍，但我們採取了更寬廣的解釋，不僅包括西方學術主流的各種心理科學，也包括規範性的東方心性之學。二是「大眾」，我們用它來描述這個叢書的「閱讀介面」，大眾，是一種語調，也是一種承諾（一種想為「共通讀者」服務的承諾）。

經過十年和二百種書，我們發現這兩個概念經得起考驗，甚至看來加倍清晰。但叢書要打交道的讀者組成變了，叢書內容取擇的理念也變了。

從讀者面來說，如今我們面對的讀者更加廣大、也更加精細（sophisticated）；這個叢書同時要了解高度都市化的香港、日趨多元的臺灣，以及面臨巨大社會衝擊的中國沿海城市，顯然編輯工作是需要梳理更多更細微的層次，以滿足不同的社會情境。

從內容面來說，過去《大眾心理學全集》強調建立「自助諮詢系統」，並揭櫫「每冊都解決一個或幾個你面臨的問題」。如今「實用」這個概念必須有新的態度，一切知識終極都是實用的，而一切實用的卻都是有限的。這個叢書將在未來，使「實用的」能夠與時俱進（update），卻要容納更多「知識的」，使讀者可以在自身得到解決問題的力量。新的承諾因而改寫為「每冊都包含你可以面對一切問題的根本知識」。

在自助諮詢系統的建立，在編輯組織與學界連繫，我們更將求深、求廣，不改初衷。

這些想法，不一定明顯地表現在「新叢書」的外在，但它是編輯人與出版人的內在更新，叢書的精神也因而有了階段性的反省與更新，從更長的時間裡，請看我們的努力。

推薦的話

第一次找心理師就上手

資深臨床心理師　洪志美

近幾年來，有愈來愈多的臨床心理師出版心理衛生相關書籍，或書寫其工作經驗。南琦可說是其中起步最早、資歷最久，也最多產的作者，我認識她多年，書架上已有甚多她的作品。我一向很欣賞她的文筆，加上她豐富的實務經驗，每本書讀來都興味盎然。

當南琦邀請我為她這本書寫序時，因自覺不善言辭，我有些猶豫，但在拜讀完文稿後，反而覺得這樣的因緣其實也並非偶然。回首過去，我這輩子可以說都沒離開過臨床心理學，掐指一算，竟也在臨床心理學實務界和學術界闖蕩了數十年。自從研究所畢業後，我很快地進入大醫院的精神科擔任臨床心理師，累積了十多年的經驗，並在工作期間爭取到赴美攻讀博士學位的機會。這也成就了我後來受聘於輔仁大學臨床心理系，從事十多年的教職，甚至在系主任期間，透過全體老師的合作，成立了第一所完全以培養臨床心理師為主的研究所，繼續督導學生在精神科的實習。

南琦這本書對總是身處醫院僻靜處的精神科著墨較多，我讀來甚覺親切而熟悉。她筆下所描繪的，或人（醫療人員和個案）、或事（心理疾患種種）、或場景（精神病房或門診）、或心理診療室的內與外，都如實呈現出精神科的種種樣態、掀開了精神科的神祕薄紗，讓讀者得以一窺在其中工作的醫療人員——尤其是臨床心理師的尋常面貌。

本書一開始即精闢地分析了發生於近幾年與心理問題相關的社會現象，例如精神疾病與犯罪的關聯、幾件震驚社會的殺人案件，還有一些知名人士的自殺新聞，以及大型災難對當事人和整個社會的衝擊等。

書中也寫到一般人對求助精神科常有的疑慮：大多數人總覺得自己的問題還不到所謂的「生病」，前往精神科看診時總是裹足不前。但南琦細心的提醒讀者如何發現自己哪裡不對勁，尤其詳細說明了身體與心理的相關性，例如身體其實是心理的最佳反映，有時身體出現症狀，只是為了逃避心理的痛苦。

此外，南琦也清楚列出需要就醫的幾種指標，以及精神科的使用守則，並介紹精神科團隊裡的不同專業人員，如何分工與合作，讓初次踏入精神科門診的讀者，可清楚了解就診時可能會碰到什麼狀況。接著，她更詳盡的告訴讀者什麼是心理治療、接受治療需要有怎樣的準備、心理師的專業養成過程，甚至列出一般人對心理師常有的問話等，可說是回答得毫無保留，讓你第一次找心理師就上手。

最後，南琦再打開診療室的門，讓作為個案的你，了解心理治療如何進行、如何最佳的利用寶貴的診療時間、患者本身應該扮演怎樣的角色，心理師「可以」和「不可以」為你做什麼，以及你最關心的——心理治療的功效。

而最重要的是，作者強調「作為個案的你就是治療的一部分」，讓讀者理解心理治療絕不是單方面的工作，個案不是被動等待心理師替他詮釋自身遭遇的某些事、解讀你為何會有某種情緒，並告訴你問題的答案，或提供解決方法，而是信任治療師並積極合作，這才是心理治療成功的關鍵。

這本書的專業知識含量極高，但讀來絕無學術書籍的嚴肅與艱澀。書中內容不只對一般大眾很有幫助，那些立志想當心理醫師，卻對臨床心理師的行業有著不切實際憧憬的年輕學子們，更需要一讀。

南琦在書中曾形容臨床心理師是你「最值得信任的陌生人」，我覺得非常貼切，也深有同感。最後，我引述作者的幾句話，讓讀者細細品味這個陌生人的現場：「默默在旁傾聽，偶爾的引導與澄清，心理師是綠葉、配角，讓個案覺得心理師其實也沒做什麼，自己才是想出解決問題策略的那人。你知道你該怎麼做，而且是自己想出來的，帶著不一樣的想法與力量離開診療室，改變於是開始。」

（本文作者洪志美為資深臨床心理師，曾任輔仁大學臨床心理系主任。）

推薦的話

光陰荏苒：十三年世界的變與助人初衷的不變

耕莘醫院精神科臨床心理師　簡玉坤

十三年，一個孩子可以從嗷嗷待哺，到叛逆青春；十三年，一塊只能坐臺鐵和野雞車南來北返的土地，出現了臺灣高速鐵路。十三年前，南琦在自己的心理師生涯中，寫下第一本幫助民眾自我協助書籍，如今的她，仍舊在紛亂的世界中，繼續用擅長的文字筆觸，以心理學的語言與芸芸眾生做內心的交會。

同樣身為助人者，我只在醫院的體系下，提供病患心理上的協助；南琦作為心理學家，不僅在制度下撫慰人心，更用寬廣的視野，「教導」民眾如何預防心理疾病發生、甚至自我療癒，對我而言，這是心理助人者推廣心理學知識的慈悲表現。

十多年來，世界變得很多，天上飛的、路上跑的、地下疾駛而過的，臺灣進入物質與科技突飛猛進的時代。人們不再需要寫信，便可以遠距相通；感情不一定要堅守至終，隨處放閃、一夜情、夜店撿屍再也不是新聞；臉書、視訊ＬＩＮＥ、等各種不同名義成立的群組，讓人際互動變得更靠近且更易取得；但十三年後的我們，似乎不見得活得比十三年前快樂：上有高堂需奉養、下有幼兒待養育的三明治世代有苦吐不出，年輕人一輩子做到死也買不起一間小窩；老年人無人照顧的孤獨感日漸蔓延，就連孩子們，該唸的書、該學會的技能，同樣沉重得教人窒息，絲毫不比十年前少。世界變很多，活在臺灣這座孤島上的我們，快樂指數卻持續下降。

這十多年來的心理學研究，也因為環境變動太快，現象和關注的焦點也在改變。有愈來愈多人，願意走進精神科門診，為自己和家人的不快樂做一些努力。以前在門診和病房多只常看到比較嚴重的病患，出現怪異行為、覺得有人要害他、在路上大吼大叫等；但現在在診間，聽到的是親密關係的衝突、無法面對自己老化、困惑自己喜歡男生還是女生、甚至是抱怨孩子掛網太久，有愈來愈多「生活化」的生命議題。這對心理學知識的推廣來說，是個歡喜的現象，這代表人們更清楚知道，生活的意義不僅只是要「不要憂鬱」，還要學習「活得快樂」。

從前的心理學或心理治療，總把專業知識「藏」在治療師的寶盒裡面，只用專家的姿態去解析個案的內心世界；十幾年後的現在，把這些知識「傳送」給真正需要幫助的人，已變成心理學者極度重視的任務。當代的助人者，除了陪你探索原生家庭經驗的影響外，更把討論的方向，放在你如何接納、允許自己受苦的事實，以及共同發掘出與這些苦共存、甚至對抗的力量。因為在紛亂的世界中，心理學家始終相信人的「成長韌性」不會消失，只是等待被發現。

南琦在這次出版的新書中，再次極富層次的一一介紹心理困境的迷思、自我發現、多元的表現方式、以及在國內求助心理師時該注意的事項；書末，南琦更完整介紹了精神醫療團隊的服務，以及心理師的訓練過程。她把心理學的知識，化為最易懂的文字，傳送給普羅大眾，讓人備感安心。十三年前，我曾為她的第一本心理書寫序；十三年後，我很高興不論是在體制內外，她仍堅守崗位。

（本文作者簡玉坤為耕莘醫院精神科臨床心理師，現任法鼓山人文基金會關懷生命專線督導、輔仁大學醫學系、臨床心理系臨床講師。）

自序
今天我們聊心，不談診斷

自從二〇〇三年在遠流出版《找自己的心理醫生》一書後，接下來這些年，我陸續朝向心理健康相關的議題寫作。包括情緒自療（《情緒自療Easy Go》）、霸凌（《向霸凌Say No!》）、青少年生活問題解決（《別叫我屁孩，我可以自己來》）、親子互動（《爸媽何必太正經》），甚至網路社群觀察（《網路社群讀心術》）等。

從診療室出發，書寫對人的觀察甚至生命經驗中發生的各種事，是我一直在做且不斷在學習、分享的。十多年來我仍繼續在臨床工作的崗位上，看著更多心靈受苦的人，幸運者很快就能找到幫助自己的門路，在發病初期得到有效的控制、朝向痊癒之路；不幸運者則因為缺乏資訊，或得到錯誤的資訊，瞎忙了許多年，忍受不必要的痛苦，才得到妥善的治療。

這些錯誤資訊包括周遭親友對心理疾病的不了解、求神拜廟民俗療法，以及誤信坊間流言、網路傳言或偏激言論（例如認為「精神科用藥都是藥廠的詭計」）等；或是以為只要去醫院就能得到治療，殊不知根本沒看對科別。

即使活在二十一世紀，仍有不少人存有中世紀的思維，例如「家醜不可外揚」、「把孩子生成這樣是父母的錯」，以致於患病多年仍無法好好接受治療。甚至還有部分社經地位高的家庭，無法接受孩子生病、不再優秀的事實；有些則是觀念上的作繭自縛，讓精神科莫名成為某些父母想治療孩子同性戀的地方。

這些年來，精神科的服務漸漸為人所知，但我猶嫌不足。精神科只是個開始，更重要的是接下來的努力；穩定症狀只是第一步，更重要的是確保不再復發、日後不必再來精神科。藥物只是輔助，如何藉由心理治療來幫助自己，療癒過去的痛，從中更了解與接納自己的一切，是我在工作中的最大期待，故有必要將精神科的服務，臨床心理師的工作再次說個清楚、講明白，也有必要解釋心理治療到底在做什麼，如何能確實的發揮效用。

所以我決定「改寫」當年的《找自己的心理醫生》。原以為不難，簡單增減一些資料即可，殊不知仔細琢磨之後，原本就對前書不夠滿意，再加上十多年來我的思維改變不少，更覺內容不甚完備，下手修改之後，幾乎成了一本全新的書，當時的內容只占新版本約十分之一，嚴格來說也不能說是改寫了（真是累慘我了）。

此外，經過這十三年的洗禮，我對本書的書名也產生了另一種想法。除了必須求助專業、找到屬於自己的心理醫生，我更希望大家能讓自己成為自己的心理醫生，治療心病也許不必外求，只需忠實的傾聽內在聲音就好。

從事這份工作，讓我有更多傾聽與覺察的機會，當我用內觀的方式幫助自己呼吸、調整生活腳步與壓力，接納自己所處的「亂」時，沒多久就能讓心靈平靜下來，這真的有些神奇，竟有類似禪定的效果。人有追求平靜的能力，就如同追求快樂與痛苦，只要適時的讓這個力量發揮出來，在我看來這就是自療的能力。

這本書能增加你對自己狀態的覺察，並在意識層面檢視過往的種種，然後自行決定要不要進一步採取行動。我不討論疾病的診斷，這類衛教知識在許多權威網站上都能找到很齊全的資料。我想把心理治療的內容說明清楚，它的基本精神是什麼、治療者如何運用在個案身上，臨床心理師如何與個案展開「話療」，這樣的基本信念，一般人當然也能應用在自己身上，心理的疾病可被治療、也能自療。此外，我更清楚說明臨床心理師的角色與功能，藉此區隔大眾對心靈導師的混淆，避免過度神化或汙名化。

現今心理健康的重要性，絕不亞於身體健康，甚至更多。身體疾病只是讓自己受苦，而心理疾病除了自己，更帶給周遭的人苦痛，影響性是以倍數增加的。身體疾病不會造成社會災難（傳染病除外），心理疾病卻會，被壓抑與忽略的心理問題，漸漸匯聚成洪流、最後宣洩而出，視蔓延的程度而定，少則讓家人痛苦，多則造成社會事件。

心理健康漸漸為世人所重視，臺灣政府部門相較於各國，卻還沒有一個完整、統籌性、且獨立的心理健康機構，希望本書能帶來一些制度上的改變契機，促成大家採取更積極的行動，這也是身為作者的我所能盡的最大努力了。

Contents

Part 4
找個與你療心的人 151

Part 5
心，修補與平復 193

前言
就在某天，心，砰地的碎了，在需要的時刻，找到最需要的資源

這不是一本精神疾病的衛教手冊，而是要告訴你一件簡單的事——生病了就該看醫生，即使是心生病了也一樣。

我們有多不願意承認自己的「心」需要看醫生呢？就拿大家最熟知的憂鬱症來說好了，根據醫界針對健保局的統計，第一次被診斷出憂鬱症的人，約有三分之一的人不願接受後續治療。而且有高達五成以上的憂鬱症患者，第一次相關問題的就醫並非在精神科，而是不斷到他科反覆求診。例如心跳加快就去掛心臟內科、胸悶就去看胸腔科……頭暈頭痛，當然去看腦神經科；有牙周病不用說，更是該看牙科。

甚至整套昂貴的健康檢查都做了，就是沒想到，也許是心情出了問題。

說沒事，就是有事

以身體化的方式呈現自己的內在不舒服，是臺灣病患的特色。頭痛醫頭、腳痛醫腳，等到去這些科別逛完了，該做的檢查也做完，不是完全沒問題就是一些可有可無的小毛病。但真正的問題並沒有解決，頭還是一樣暈、牙齒還是照樣痛，心臟有時跳到都快故障了。

你不想知道的是，身體很誠實，它會如實地反應你的內在狀態，即使你不想承認或面對：考前鬧肚子痛想跑廁所、上臺報告的前一天非常難入睡，這些你知道統統都是壓力反應；頭，它通常不會平白無故地不乖發作，這一定是有意義的。

有些症狀則是較為隱微的問題，牙齦咬合過緊，造成牙周組織變化，當然不只是牙周病這種表面症狀，情緒緊繃造成的肌肉使用過當才是問題關鍵。如果你願意，發現這些線索其實不難。

常常有人第一次來看診，便氣呼呼地說，某某醫生要我來看精神科（意思是「某某叫我來的，不是我自己想來」），說什麼檢查不出來的問題要去精神科看一下，（什麼跟什麼？）於是賭氣似地來看精神科。而我總是聳聳肩、一副無所謂的笑說：「也好，來證明自己『沒有問題』也不是壞事。」但通常一坐下來敞開心房對談，絕對會有很多事。

只要開場白足以讓對方卸下心防，人就不可能完全沒事，不是絮絮叨叨生活上的種種不快，就是過去某些痛苦經驗還繼續糾纏著自己，在某個脆弱的時刻跑出來胡鬧，這些林林總總加起來，當然足以形成干擾生活的「症狀」。

那麼，他們僵持那麼久，不願前來精神科就醫的理由何在？

1. 怕被別人認為是「神經病」；或自我催眠：「沒那麼嚴重吧，慢慢的它就會好了。」（不清楚情緒困擾和過去刻板印象的「神經病」不同。）
2. 鴕鳥心態。不敢來，怕看了比自己所想的還要嚴重。（這就像刻意視而不見，卻期待癌細胞不會擴散一樣，無疑是異想天開。）
3. 一去就要吃藥，不想被藥物「控制」。（這邏輯不知從何說起，誰說來精神科就一定得吃藥？誰說吃藥就會「被控制」？這會比被症狀控制更糟嗎？）

相較之下，許多年輕學生的態度相對坦然多了，與社會化、世俗化的大人相比，雖然有的學生朋友也是被家長不甘不願帶來，但在本身好奇心的驅使下，卻不排斥進來一探究竟（想知道自己究竟怎麼了），即使只有短短的一次晤談，卻勝過來了好幾趟，卻始終無法真實面對自身感受的疏離大人。

急急否認自己沒事，總有此地無銀三百兩的嫌疑，對我來說，與其費盡脣舌對外人宣稱「沒事」，不如自己證明給自己看。

心靈重感冒後續殺傷力大

以上這些疑慮，我會在接下來的篇章中一一解答，幫助大家理解，至精神科求診，其實和一般看感冒並沒有多大差別。這些年來，憂鬱症也被精神醫療業界稱為「心靈的重感冒」，意思是這些症狀一定會好，但日後會不會再發作，沒人敢保證。如果沒有培養夠好的免疫力，那麼當病症又起時，便可能會招致「加倍奉還」的後果，所以實在不能對心靈重感冒等閒視之。

基於許多人潛在的畏懼心理，我們這些精神科的從業人員得不斷精心包裝、將其美化為心理健康服務中心、身心科（或稱心身科）、心靈診所，但這些都是換湯不換藥，來到本科，看的無非關於想法、情緒、壓力、性格等問題。

實際上，這四十年來憂鬱症的盛行率並沒有增加多少，但就診率則大幅提升（一九九四～二〇〇〇年間，就診率由一四．五％增加至二七．三％），這表示大家的觀念正在改變，愈來愈多人願意正視自己的心理困擾，不排斥前來醫院接受檢查與治療。

更重要的是，一般民眾也對此有了更多的包容與理解——多關注心理問題，並不會讓有身心狀況的人變多，如同關懷同志議題，並不會增加同性戀人口一樣。這已算是很大的進步了，可惜的是，心理問題何其多，並非只有憂鬱症這個選項。這些年，在媒體的宣傳之下，憂鬱症防治的確發揮了效果，但可進步的空間還很多，待理解的疾病更多。

例如「思覺失調症」（舊稱「精神分裂症」），自二〇一四年更名）一直是精神科十分隱晦的大宗，這種被汙名化許久的病，病人本身並不是瘋狂，而是受症狀影響，有時候他們跟一般人看起來沒兩樣，但發作時有無法控制的痛苦；還有因臺北市長柯文哲而聲名大噪的「自閉類群障礙症」（Autism Spectrum Disorder，舊稱亞斯伯格症），是屬於神經發展障礙上的問題，許多的心理疾病的累積都由來已久，有的是先天因素、有的是發展過程因素，這些問題若非求助精神科，大多無法有效解決。

因此，我會在書中介紹現代人面臨的種種生活問題，哪些是精神科的治療範圍，以及有哪些症狀是可以解決的，大致包含下列三個面向：

1. 如何發現自己的不對勁？有哪些「不對勁」是必須就醫的程度？正常與反常的尺度究竟在哪？大家現在最常面臨的心理問題是什麼？
2. 人們為何需要精神科？心理醫生指的是哪些人？臺灣有真正的心理醫生嗎？目前現有的資源與機構在何處？
3. 人們為什麼需要心理師？臺灣有像歐美先進國家的心理資源嗎？心理師可以如何幫我解決問題？心理治療的功效是什麼？

這些年有幸或夠勇敢踏進精神科的人，大多都會恍然大悟「原來吃藥並不可怕」、「原來可以靠心理治療來幫我解決問題」、「我以為做心理治療需要花很多錢」、「原來精神科診間長這樣」。這只是一個想關心自己的心、正如同你想關心自己身體的所在，真的沒什麼好大驚小怪。

你準備好面對你的心了嗎？你願意承認自己也有脆弱、需要他人幫自己一把的時候了嗎？把心交給值得信任的陌生人，你願意嗎？

如果你準備好了，那麼就讓我們開始吧！

Part1

平靜之下的風吹草動：當我還可以的時候

1 我其實沒有自己想的那麼ＯＫ

「不要誤會，我可不是『神經病』，是家人一直『盧』我，我不想家人擔心才來的。」眼前的病人急急的解釋。

「好的，我了解。這樣也好，來證明自己是ＯＫ的，也好讓家人放心。」我保持淡淡的微笑，也讓她知道來看個醫生沒啥大不了。

「我媽不知道她來看精神科，等一下可以麻煩心理師不要講出來嗎？不然她會生氣，拒絕做檢查。」也有這種搶在病患進診療室之前，悄悄來找我使眼色、低聲耳語的家屬。

這是第一次就診的病人常有的姿態，如果是在家人的要求下前來，通常夠關心的家人早已察覺、甚至忍耐其問題多年，而心理評估的結果也常常不太ＯＫ。

為什麼會這樣？

精神科＝佛地魔？

心理疾病與生理疾病一樣都需要治療，偏偏在其他科別，你可以很自然的說自己是「病人」，在精神科卻無法如此理直氣壯，如果可以的話，最好否認到底。這是為什麼？

即使到了醫學發達的現代，對許多人而言這個場域儼然是「佛地魔」（編按：《哈利波特》一書中最危險的巫師，因為實在太可怕，說出真名就會受到詛咒，一般人不敢直呼其名，就稱呼他為「那個人」）的地方，我們不斷更換包裝，稱這裡是心理衛生中心、心理健康中心，或更隱晦的安心科、失眠諮詢中心；也不稱病人而稱個案，就像許多女人一直以來稱生理期為「那個」。「那個」到底是指哪個？「大姨媽」到底是哪個姨媽？連專門療心的處所都無法明言、不能講，意識上都不允許其存在，你當然搞不懂自己何以不安心、為什麼會睡不好。

如果無法面對專門療心的精神科，來求助的態度亦是扭扭捏捏，不斷合理化自己「剛好路過」的假象，你當然也難以面對自己的心——一個快要生病、已經生病而不自知的心。

「請問輪到我們的號碼時，可以叫我一下嗎？我先讓他外面的車上等。」曾經有位名人的助理提出這樣要求，這位助理想讓該名人先待在保母車內，不願讓他拋頭露臉，等到號時再直接衝進診間。

「你們這樣很沒有隱私耶，所有的病人都要待在候診區一起等。」也曾經有民眾這樣反應。令我納悶的是，不是所有科別的候診區，都是長一個樣嗎？如果要顧及某些民眾的擔心，也許要像K書中心這樣，設計成一格一格的位置，彼此看不到彼此，才會讓病人有安全感。但，與其有著被詛咒一樣的擔心，希望就醫地方愈隱晦愈好，我更期待大家看待這個地方是極自然，不害怕被誰看見，想來就能來，覺得需要就能來的地方。

可惜的是，我們大多時候都選擇看不見自己的問題，看不見就不會有問題，萬一有問題，像個做錯事的犯人，偷偷摸摸的前來就醫，而且還不敢告訴家人自己看的是精．神．科。

偏僻的就診環境，讓病人更感絕望

許多醫院的精神科位置，正足以反應大家的內在恐懼與避之唯恐不及的害怕，不是身處全院最老舊的大樓，就是僻靜到不至於「干擾」他科病人的角落，陰暗潮濕，充滿絕望感。

據我所知，有些醫院精神科的診療位置居然是在地下室，在二十一世紀的年代，竟過得像十六世紀。

新興的大型醫院雖然設備新穎清爽，少了上述的問題，但慢性收容機構硬體設備普遍不夠完備，若以一般科別的思維來設置精神科慢性病房，那麼肯定缺乏足夠的娛樂與休閒設施。加上許多療養機構因成本考量多在偏鄉，使得許多住在都會區、有長期療養需求的病人，必須離鄉背井地到異地去，就醫的便利性則不得不一併考量。

「你們精神科怎麼會在那麼鄉下的地方？」曾有個年輕小女生很天真坦率地問，她大概看到我們尚未重新粉刷的壁癌牆面。我只能苦笑，心裡有點受傷，同時還自我安慰一番：「不錯了，至少交通便利、出入方便、而且我的診間是在一樓，而不是地下室。」

還好精神科的設備不重要，「人」才是最重要的資產。在這裡，受苦的心靈第一次有整理的機會；在這裡，你會知道心靈受苦的人竟然有這麼多。

這十年來大家對心靈的關注程度愈來愈進步，大型醫院開始有獨立的心理大樓、一整棟的治療空間。政府願意投入更多心理健康服務預算，除了代表現代的心理問題日趨嚴重，已到了不得不重視的階段；也代表不只是針對症狀治療，預防問題發生才是更有效的治本方法。

此外，有困惑、且願意向他人求助的人愈來愈多，前來精神科求助而不必到吃藥程度的人已占多數，顯示有更多的人在問題開始萌芽時，就意識到自己不對勁、不ＯＫ，整個人好像快爆炸了，而過來求助，並未累積到症狀產生。

這是個很令人欣喜的現象，證明了我們願意承認自己很脆弱，有時也需要被他人扶一把。

選擇不看，問題不會消失，反而耽誤時間

在親密關係溝通中，我們最常說的話便是「你不夠了解我」，但我們也不敢打包票，說自己一定很了解自己。

人們往往無法解釋自己的潛意識，那冰山下面的巨大未知究竟是什麼；也無法解釋為何有段時間噩夢特別多，想好好的坐下來看書，卻讀不進半個字，或者提到某個人、某個話題就有莫名的情緒，即使你並不認識對方。

也許這些並不十分困擾我們的生活，但就算有困擾，也不一定需要就醫。就像我們常常感冒，卻不覺得感冒是什麼不治之症，**心理問題也類似感冒或牙痛那樣，是有困擾但又好像沒什麼大不了問題**。

例如憂鬱，很多人會憂鬱，卻不至於嚴重到憂鬱症的程度；有人愛天馬行空地亂想，說點小謊，但亦不至於搞到精神分裂。「困擾」或「問題」是否達到精神科認定的疾病標準，得接受評估與診斷方能確認程度。小小感冒的確沒什麼，但拖久了變肺炎就有生命危險；同樣的，心裡有事卻置之不理，要不就累積成巨大的負面

能量、啃食健康，要不就成為每日的社會新聞之一，但不論哪一種，都會帶給身邊家人極大的負擔與痛苦。

這是我們的一部分，你很真實的活在各種想法與情緒中，誰敢說自己沒有失控或快失控的部分；誰能說自己有辦法一路挺進、不需他人扶持或不會生病？

選擇不看，問題並不會消失。選擇忽略精神科，精神科的「生意」卻愈來愈好，其道理何在？這表示，**如果心生病已成事實，愈拖愈晚，終究必須就醫，而且需要更費時費力才會好轉**。

這就是為什麼我值得花一整本書的篇幅，來替大家說明心理健康議題為何這麼重要。常有要求效率的病人跟我說：「我想要快一點好起來。」當心已經開始崩壞才來求助，卻要求精神科可以很快醫好你，無疑是緣木求魚。

想要快快好，也要自己願意跑

前來求助的病人都想要快點好起來。但，要多快？

「我希望晤談幾次就能看見效果」、「我不想依賴藥物，要用自己的力量戰勝心魔。」

這話漂亮。那麼你的問題有多久了？

「大概從高中就開始了。」（這甚至可以追溯十幾二十年前，說三年五年的已經算短的了。）

要快速有效的治療方式，但你願意付出相對的努力嗎？還是你以為把需求丟給他人，對方就必須替你解決？我常遇到治療做到一半的病人，因為許多理由不斷更改晤談時段，例如：「我要上班。」（這理由我懂，不過到底是解決問題重要，還是讓心理問題妨礙你工作重要？）「小孩上學要緊，怎能隨便請假。」（通常這都是青少年個案父母捨不得個案請假，既然父母態度認為上學是第一要緊事，又怎願意為問題努力呢？）

就從現在起把自己照顧好，精神科是你的心靈教練，協助你擁有更好的生活，不是那個不可說的黑暗角落，精神科也需要願意跑的選手，而不是原地不動就會有好成績、老是有現成便宜可以撿，這點，恐怕神仙也做不到了。

2 太「正常」才「不正常」

正常有多可貴？這問題就跟健康多可貴的意思一樣，人只有在不健康的時候才**會驚覺且珍惜**，大部分的時候它就像空氣一樣，誰會去體會空氣的滋味？

先不說什麼叫不正常，這夾帶了社會的刻板印象與不當標籤，以下我舉個例子，帶大家看看當自認為自己正常時，是如何看待跟我們不一樣的人。

有一天，一個自助餐老闆要送便當到精神科病房，正好與我搭同一部電梯，他的眼神有些驚懼，一副為了賺錢不得不來的表情問我：「這樓的人都是神經有問題的喔？」我則一派輕鬆地回答：「沒那麼嚴重啦，他們只是生病了。」

誰都會生病，為什麼要對他人生病如此避之唯恐不及，但當自己生病時卻擔心被排擠、誤解？人真的是一種自我中心、事到臨頭才覺醒的矛盾動物。

穩定的精神病患，也有不可說的祕密

某慢性機構有個長期患有思覺失調、但多年來控制得不錯，且病況穩定的五十多歲女性。當她漸漸恢復部分生活功能後，很自然的開始想參與更多社會活動，以證明自己是有用的，並未被遺忘。於是她參加了某些公家單位的志工團隊，假日時在衛生中心打打電話關懷社區老人、到圖書館整理書本，日子過得甚是充實。

她沒有告訴服務機構，自己生病領有殘障手冊一事，這可以理解，許多精神疾病患者都一樣，擔心外界社會不得能充分理解精神疾病，因而投以歧視眼光；新聞媒體已經有太多的想像、恐懼與汙名化，即便處在一個友善庇護性的環境，門內門外其實差很大。

這位病患不願告訴機構內的其他學員，自己有去當志工一事，總是很神祕地默默進行，這很令我困惑：「這不是好事嗎？能重新被社會接納，讓其他學員有信心自己也可以做到，不是很勵志、很正面嗎？」

慢性化的病人常常苦於與社會脫節，如果證明自己可以很正常，讓其他病友有個學習的榜樣，了解踏出社會並不那麼難，這樣不好嗎？

她的理由是，怕讓「他人」知道後，會用另一種眼光看她、影響到她好不容易掙來的志工機會，即使那個「他人」是病友、是戰友，她也無法坦然以告。畢竟話一旦說出口，誰能管得住別人的嘴巴？如何能保證不會有更多人知道？大家會不會接受一個有精神障礙的人擔任志工？她承受不起這些潛在的風險，於是她得跟罹患愛滋、有犯案前科的那群人一樣，把這件事當成不可說的祕密。

「跟大家一樣」，是她最想要的，她不要特別，不要拿殘障手冊的特別待遇，那代表的不是保障，而是歧視。

身體有殘缺的人遇到的問題，較心理問題的人赤裸裸，不全的手臂、拖著跛行的腳、顏面上顯著的傷疤，都是想遮掩也沒辦法藏住的事實。心理障礙者也持有殘障手冊，但似乎就不像身體障礙那樣引人注意，更容易躲藏，假裝「正常」——只要我不說，又有誰知道？許多病友不願把手冊拿出來使用，因為那是一個充滿汙點的印記。

如果不講，是不是就能和大家一樣？當我們試著表現出自己獨特個性、擠進購買限量商品的行列、用各種裝扮讓自己與眾不同時，試著想想還有很多人只想很單純地「跟大家一樣」。

機構愈搬愈偏遠，卻始終被視為異端

所以我得再度回到這個問題上，我們真的有我們想的那麼OK嗎？當我們OK時，能夠接納不OK的人嗎？如果無法接納他們，是否也反映出我們內在深層的恐懼，避之唯恐不及？

一位從事精神病友長期復健的機構負責人，曾在媒體上訴苦，他們試著在各地成立的康復之家從來都不能順順利利，這指的不完全是成本考量，而是居民的心態，別說是支持，就連單純接納都不願意。只要某社區知道有個「瘋人院」成立在自家社區裡的某戶，許多住戶就發動鄰里長拉布條抗議，要求將之趕出去，還正義凜然地解釋：「不是我們不接納，而是這樣會嚇到小孩！」病友們連基本的居住正義都無法擁有。

這位負責人感慨的說，其實在機構中長期患病的病友都很穩定，許多人甚至連外觀都與常人無異，在生活功能上幾乎就是一般人了，但精神病患是不定時炸彈，精神科甚至是精神病患收容機構都成了「佛地魔」，觸動了人心最隱晦黑暗的部分。

我曾參觀幾所康復之家，不是連招牌都沒有，就是小到幾乎看不見，愈低調愈好。當同志族群奮鬥了多年，終於可以在街頭舉辦彩虹派對時，身為更加弱勢族群的精神病友們，還無法理直氣壯地為自己爭取些什麼，好像只要搬得愈遠，彷彿這問題就不存在。

集體恐懼將精神病患趕得愈遠愈好，造成全臺最大的精神醫療慢性機構，竟位在花蓮玉里，一個「好山、好水、好偏僻」的地方。經過這些年的發展，這個小地方竟也默默成了地方特色，一個由精神病患建立起來的家園，並與當地民眾互助共生，成為精神病患難得的桃花源。

在這裡，許多被人視為不正常的人聚在一起，成了另一種「正常」，大家都一樣，沒什麼歧視的問題，只是這樣一個世外桃源的地方，是否能當成精神病患最後的家鄉？我想許多病人更渴望能接納自己的，終究還是原來的家吧。

診間外的不正常，比病房裡還要多

在我當了心理師之後，才知道許多真正的病人不在門診，也不在病房，而是在醫院外面，那些把某個家人推來精神科就診的人；有時更是夫妻、父母聯手，把他們以為不正常的子女、手足，推進診間。

許多來求助的病人只是家人問題的代罪羔羊、情緒的承擔者，那些在家裡的人反而才真正需要看醫生。換句話說，來看病的不一定就是不正常。

一個才二十多歲年華正盛的女孩，走路、談話都畏畏縮縮的，明明長得很清秀，卻說自己好醜，只會給家人丟臉。原來她有個「恐龍父親」，從小就說她「長得真醜，不像我們家的孩子」；念了個不怎麼樣的學校想升學，就說「反正妳功課也不好，補習也沒用」；多跟男生講上一句話，就說她行為不檢點、淫蕩。

有哪個正常的父親會罵自己女兒淫蕩？這個女兒的極度退縮及無自信，不過是經年累月下的結果，這個問題的始作俑者、最需要照看情緒的人（也就是那位父親）坐在家裡，卻要這可憐的女兒就醫，這不是頗為荒謬嗎？

一個新手媽媽來就醫，她遇上了一個恐怖情人，結婚未久即吵吵鬧鬧，發現彼此不適合就離婚，也搬回娘家，卻發現自己懷孕了。這先生嘴上說不願離婚，卻從未探視過小孩，只有出生時趕來瞄了一眼，也沒有抱起孩子來看一看，倒是男方父母還來家裡探視關心。等到小孩快一歲了，某天這個男人突然跑來說，要一起照顧孩子，嚇得這位媽媽連夜搬家、好幾天沒辦法睡覺。

她的月子做得十分不安，擔心自己照顧得不好，孩子吸吮能力差，喝奶不多，她就淚流滿面自責不是個好媽媽。她是生病了沒錯，我們可以說是產後憂鬱症，但那位恐怖情人，難道不需要檢視其心理健康程度？

再舉個例子，某個媽媽氣急敗壞的把兒子拖來，說是孩子交友不慎，交到一些壞朋友，說什麼想變成女的（或者孩子說自己喜歡的是男生），想帶來住院治療看看。這位母親說：「先關在裡面一陣子，看出來之後會不會變得正常一點。」

可惜，以上這些家人都把自己當成局外人，即使有病的是他們本身。

許多人眼中的「家醜」，在專業的審視下一一被判讀出來，雖說來就醫的不一定是真病人，**勇敢的他們代替承受了家人的苦**，但也幸運的可以得到妥善治療，我常對他們說，這次治療就當是為了自己，而不是為家人。

那些不願意面對問題、鴕鳥心態的家人，也只好繼續與心魔糾纏下去，等到某個不能再累積的時刻再爆發、繼而走向毀滅。

有心理問題的人，可能就在你身邊

病人不僅在醫院，而更多是在家裡面，在街上，在公司隔壁部門，在樓上鄰居家裡，而且多如過江之鯽。

記得我當初取得臨床心理師證照時，還只是個執業菜鳥，時不時有友人藉故相約：「好久沒見想跟你聊聊。」我心裡其實很清楚，這些友人都是心裡有事，想找信任的人說說話，聽著聽著，才知道這年頭人們潛藏在的心理危機有多嚴重。

不僅有N年沒聯絡、十分不熟的朋友跑來訴說心事（例如自己曾墮過胎這類極隱私的事，當時我很搞不懂幹嘛突然跟我坦露自己曾墮過胎？後來想想，可能是她想找人告解，以減輕自己的罪惡感），更常聽到身旁親友爆料：隔壁住的某鄰居常跟這位親友起口角，說什麼自己要害他；久未謀面的嬸婆的小兒子，原來患有思覺失調症（舊稱精神分裂症）很久了；常常喊好煩的某同學，其實是憂鬱症纏身。

一個以前並不熟、彼此交情大概止於打招呼的同學，常常在我的臉書上禮貌性地按讚，我也禮貌以對，不以為意。直到某天她突然私訊我一堆錄音檔，我打開一個來聽，發現她很混亂的述說自己受到調查局、外星人迫害的種種情況，基於職業敏感度，我很快就知道她的精神狀態有問題，詢問了其他同學後，才知道她已生病十幾年，也曾住過院，可能是治療中斷的緣故，病況並未改善。

雖說病人看過不少，但當年念書時曾經花容月貌、充滿才情、意氣風發的女孩，如今卻變得落寞瘋狂，和她較親近的同學說，可惜了，因為自我期待太高，經不起一連串的挫折而瘋了，但我知道，病因並沒有那麼簡單。

我念小學時，不知道大表姊為什麼會突然拿菜刀揮來揮去，當時也是小學生的姊姊嚇得躲在廁所不敢出來，直到老爸趕去奪刀為止。等我從事這行後，才知道這叫做思覺失調症，且大表姊從來沒有就醫過，周遭親友怎麼勸她都不肯，等到父母年邁一一去世之後，她便執意獨居，在毫無生活品質、很沒尊嚴的情況下去世。

勇敢求助，而不是被動等待

各種心理問題原來離我那麼近，並不是翻開報紙、瀏覽網頁才看得到；那些就在我生活周遭的種種故事，並不是我當心理師之後才發生，卻讓我在正式執業後更具發覺這些狀況的敏感度。

不論是情緒出了問題，還是感覺到知覺失調、想法上出現改變或退化等，有別於大部分人的異常問題，都需要進一步就醫來釐清症狀與病名，這些問題無法自我斷定，更無須聽信旁人隨口一句：「那個某某，就是『躁鬱症』啦！」狀況並不會因為任意貼上一個疾病標籤便消失，而是需要後續的密集治療，才有痊癒的可能。

在精神科外，有更多不願就醫、無法就醫、甚至不知道該就醫的「病人」，也有許多不清楚家人不對勁、束手無策的身邊親人。我是如此幸運可以走上這行，這些情況漸漸可以抽絲剝繭的了然於心，而大家也何其有幸，生活在現代這個時空，不但資訊充足、就醫資源更是豐富，不必重複過去不必要的冤枉路。

3 社會問題來自生命困境的累積

社會問題幾乎都與心理現象相關，幾乎找不到例外。許多社會問題，其實是人們累積了共同的生命困境而產生，例如年輕人的繭居（類似的說法還有啃老、宅男女）、獨居老人的「孤獨死」，背後反應的，難道不是更龐大複雜的個人心理問題、個人與家人共同的心理糾結？無奈的是，我們看到的只是結果、現象，媒體上報導的只是一則「新聞」，當熱潮過後，問題仍舊在那，深受其害的當事人與其家屬們該如何自處？

這些心理產生的問題實在不勝枚舉，無法一一細談，我還是將重心放在心理疾病可能造成的社會影響及幾種重要的社會現象。

1. 心生病與犯罪的關聯

○○市一名疑似精神病男子，涉嫌誘殺一對劉姓小姊妹。

「還知偷拐，哪像精神病患？」劉父痛陳兇嫌殘忍卸責，要求處以極刑。

只要這樣的新聞標題存在，大家對精神病患的莫名恐懼就無法消失。心理疾病絕不只精神方面，也包括情緒，甚至人格上的疾病，大家不能分辨眼前生病的這個人到底是屬於哪一種，常常把表現最瘋狂、最具殺傷力的行為通稱為「精神病患」。

不論是不是精神病患，多數人對精神病患的擔心是，只要犯案後說自己是精神病患，或者是發現他就是精神病患，就有為自己脫罪的可能，儼然把「精神病患」當成是犯罪的護身符，但真的是這樣嗎？

有心理疾病的人並非時時刻刻看起來不正常，許多時候看起來跟正常人沒兩樣，並非一定得變成瘋子、情緒激動，才符合精神病患的形象，但的確可能有無法預期的暴力出現。上述那位男子查證後的確領有身心障礙手冊，他的行為具有某種不可預期性，不一定能為自己的行為負責。

許多想像出來的精神病患形象，十分偏頗的出現在各種媒體中，不斷加深人們的錯誤印象。遇到精神病患犯罪的消息傳出，有的媒體記者在報導相關新聞時，強烈暗示這些人其實是故意規避刑責，佯稱自己有精神疾病，即使後來證實他們是真的有病，換來的仍是大眾對精神病患的誤解。

實際上，心理疾病並不是刻意想裝，就能夠矇騙成功的。某個殺死女童的嫌犯，自首後聲稱有精神與知覺方面的疾病，說自己幻聽，以為殺人就可以好好睡覺。但這樣的說詞與他冷靜的態度又有出入，檢察官不一定會同情他的病情而接受這樣的說法。

很少有真正的精神病患會直接承認自己幻聽，那些扭曲的知覺已經足夠令他們擔心害怕，想辦法甩掉都來不及了，哪會承認？**他會告訴你，這不是幻聽，這絕對是真的！**如果那些幻聽對病人來說是較屬於自我協調型（即與上述相反，是深深相信這種幻覺，認為那些聲音是神的旨意），那麼他就更不可能跑去自首、聲稱自己有病了。這些詐病案例可在專業工作者的評估下一一破解，但許多狡猾的犯罪者已經學會拿「精神病患」當擋箭牌，八卦媒體隨之起舞，更加深了一般大眾的誤解。

心生病了就有犯罪的危險嗎？對心理疾病不夠了解，雖然不至於影響一般人的生活，酒照喝、舞照跳，日子照過，但我們的偏見與鴕鳥心態，到頭來仍舊會造成社會問題，如果有一天，當我們或我們的家人朋友有類似問題時，該如何自處？

拒絕了解問題，以致於加深了大家對心理問題的恐懼，甚至有家屬問我，「我小叔得了『這種病』，就可能會去到處砍人了？」這問題代表我們在助人工作第一線的人員，在內心長嘆一聲後，需要花費更多心力教育家屬。

根據美國心理學會（American Psychological Association, APA）發表的研究指出，在具有嚴重精神疾患的犯罪者中，只有七．五%的罪行是直接與精神疾患的症狀有關的。也就是說，犯罪者的罪行，很少是由精神疾患直接引起的。（引自泛科學PanSci，二〇一四年。）（上述的精神疾患泛指所有的心理疾患〔mental disorder〕，因為翻譯的關係常常把「精神」與「心理」兩詞相混。）

也就是說，與其說精神病患會有犯罪的可能，不如說貧窮、藥物濫用、失業、無家可歸等其他因素更容易導致犯罪。

媒體觀察教育基金會董事長管中祥也表示，媒體一方面汙名化精神障礙者，一方面又簡化精神障礙者的類型。媒體把精障者與危險、暴力、不定時炸彈畫上等號，讓民眾以為精障者就只有這種類型，對精障者產生錯誤認知，恐懼、害怕、厭惡他們，甚至反對精神醫療和社區結合，不願意精障者進入社區，並張貼誇張的媒體負面報導，來佐證他們抗議的理由。

當我搬進我所居住的社區時，才知道同棟的二、三樓是燒燙傷的中途照護之家，我覺得這社區真友善，同時也很納悶，為何當初房屋仲介沒跟我說，而是當我看到有些鄰居穿壓力衣、頭套、束帶，甚至整臉套上透明壓力面膜時才知道。剛開始看到時不諱言我有一點錯愕，女兒也不免盯著猛瞧，但這是個很好的教育機會，沒多久我們就習慣了。我開始感受到這樣的照護機構在社區成立的種種艱難，連個招牌都沒辦法架設的窘境。

這只是大家接納度較高的顏面傷殘，那麼心理障礙呢？當實習學生第一次來到精神科急性病房時，也不免東瞧西瞧，表情不大自然，等過了一個禮拜，再問他們時，學生們笑說，其實這些病人也沒什麼不同啊，沒有那麼可怕。

不明所以的外界民眾，讓精障者與其家屬在臺灣更是舉步維艱，更要忍受汙名化的罪名與歧視。康復之友聯盟祕書長滕西華曾指出，臺灣大約有一百萬名精神障礙病患，而看過醫生的僅有十六、十七萬人，這些只是去「看過醫生」，不代表有持續接受治療，也不知道病情是否穩定控制，正是因為臺灣社會對於精神病患的敵視與不接納，導致許多有憂鬱症或是其他精神疾病的人不敢去看醫生，坐視病情惡化，家人也隱匿不報，原因是擔心左鄰右舍發現之後，會無法在社區立足。

那種極端、誇張的精神病患攻擊事件當然會出現在社會版頭條，給人「精神病患都是這樣」的錯覺，更多病患被不公平的對待，甚至因為刻板印象而被打壓、或是在尋常生活中被不公平對待的例子，則上不了新聞檯面。

有更多的病友因為看起來有明顯的病態感，很容易就成為被占便宜、被欺負的對象，使得他們原本就已經很艱辛的生活變得更不容易。在我看來，這個正常人的世界才是處處充滿危機，只是買個東西就被敲竹槓。一個女病友只是在醫院的商場逛大街而已，就被哄騙買了兩萬多元的飾品，她的復健老師知道後，只好與那店家溝通，希望動之以情退款退貨，還好結果尚稱圓滿；另一個病友去辦手機門號，結果居心不良的店員給他辦最貴的方案，說什麼4G的速度有多快，唬得病人一愣一愣，天知道這病人連上網都不會。如果這些情況病友沒有告知他的老師呢？如果店家不願意取消交易呢？如果被坑更多錢（例如簽下一棟房子）呢？

精神病患未必能對強勢媒體提出反擊，但他們的家屬與親友一定可以，這就是現在尚處健康的我們應負起的社會責任。

只有正確的資訊與對待，才能坦然面對自己與他人的問題，不再視心理問題為毒蛇猛獸，因為心的問題，不會因為不想看見而消失。

2. 掛網不一定會成癮

有一天，我家裡才念小學四年級的女兒在我用電腦時，突然湊過來：「馬麻，我想要用電腦。」一問之下，才知道她要用臉書與好朋友網聊，我有點驚訝的笑了笑，心想這天終於來了，只是我沒想到會這麼早。

但這真的算早嗎？根據「臺灣網路成癮輔導網」的統計，小學一年級達到「網路成癮」的比例是三％，二年級就暴增到一六．二％，等到國高中階段時，就穩定成長至二〇．二％了。為什麼小二開始暴增？原因是小二生已經開始適應團體生活，雖然許多學校禁用手機平板，但安親班可是另一個交流平臺，而且此時小朋友認字程度增加，也能夠用文字溝通表達。到了小三有了資訊課，同儕的交流機會增加，更是不得不使用臉書了。

網路已是生活的一部分，根據資策會二〇一五年的調查，智慧型手機普及率已經達到七三．四%，拿智慧型手機當然不會只是講電話，更多時候，我們的食衣住行得統統依賴它，所以，整天滑手機難道就是成癮？不，也許我們正在閱讀新聞、看地圖找美食，或者與朋友群組互聊（這更是超越了一般講電話的限制）。

手機使用率這麼高，網路世界理所當然也成為心理問題的另一種發洩管道，我們除了菸酒毒之外又多了一個新選項。換句話說，網路本無罪，有事的是人的脆弱。

所謂網路成癮，是指上網情形已經嚴重到影響日常生活，包括工作表現以及與家人、朋友的互動。一個人需要上網的時間愈來愈多，對上網有難以控制的欲望與衝動，而且為了上網已與正常生活脫節，耽誤了工作、學業、家庭生活，即使如此仍舊不改初衷的繼續上網。以下的案例可說俯拾即是：

高雄某高中生沉迷於網路遊戲，與父母發生衝突時拿刀砍殺母親，造成母親重傷，警方並找出他的行兇筆記。

桃園某對年輕父母因沉迷於網路遊戲，剛滿周歲的女兒竟營養不良而死亡。一名小三生沉迷網路至拒學、逃課，必須強制就醫才能改善。

這些，你可以很輕易的貼上「成癮」標籤，然後把網路當成假想敵來對付，就像對付菸癮一樣。但，你真的可以把「網路」跟「人」一分為二嗎？如果網路真的是怪獸，為什麼上網的人數只有增加沒有減少？難道大家都不怕怪獸？

各位在把過度使用（電腦、網路、手機）↓成癮，這樣單向線性歸類之前，是不是應該思索人本身，到底出了哪些問題；在指控成癮之前，也許應該先搞清楚，為何一個人要過度依賴網路，這背後到底發生了什麼事？到底是潛藏的人際挫折，還是受傷的家庭經驗，或者是其他的壓力源。

有個年輕人告訴我，他去網咖是因為沒有其他事情能做。這位年輕人害怕與陌生人接觸，高中時期曾因為一起報名的同學臨時轉學，高一只念了兩星期就休學在家，之後能不外出就盡量不外出，而他看似網路成癮的背後，其實是隱藏更多問題的**社交畏懼症**。

他不敢上學，因為外型肥胖也不敢外食，擔心他人看他的異樣眼光，找個工作也因為要對來客說「歡迎光臨」而感到害怕，但他又沒能找到一個可以獨自把門關起來、不和人互動的工作。

更不幸的是，這個年輕人從小就缺乏父母關愛，因為身材胖在學校被霸凌也有苦無處訴，只有幾個朋友會找他去網咖。於是他成天泡在網咖，就算覺得整天打怪很無聊，也勝過在家的空虛感，至少他還有事情做。

儘管他有零用錢，但沒人關心他的三餐，於是他告訴我，吃什麼三餐？他都是餓了就吃，不餓就不吃，人在網咖就吃泡麵，每次一口氣吃三碗，然後徹夜上網咖後再狠狠的睡上一整天，三餐併作一餐吃。

所以我聽到的是一個缺乏關愛、生活空洞的「繭居族＋肥宅」，掙扎著想改變的故事，他來求助是因為不想再繼續宅下去了，即使改變令他不安，也到了不得不改變的地步。

而網路的重度使用者也不等於真的宅，有人在網路世界裡更感遼闊、表達更直接、情感更奔放，它就是一個實際運作的世界、需要透過螢幕與他人溝通互動。

網路世界很有力量，甚至可以是新聞輿論的重要來源，你以為我網路成癮、成天抓著手機不放，事實上我可能正在購物、開會、閱讀，就靠手上這個小東西來完成所有的事。

所以，隨意給人安個「成癮」標籤與罪名真的很危險，彷彿這麼做，所有的內在問題都有藉口、有替死鬼了，不必再花腦筋內省。但真正的問題還在，它還沒有消失，而且即將用其他方式來反撲。

3. 壓力成為自殺未爆彈

壓力和自殺，是魚之於水的關聯。

不論基於什麼原因，壓力感受絕對是自殺的前置因子；壓力感受也不是心理疾病的人的專利，許多人自殺前沒有太多跡象、沒就醫、沒求助過，竟也能一試就「成功」，這類例子早已不勝枚舉。

某位科技公司財務長，在汽車旅館燒炭自殺，記事本上寫著「都是我自己的問題」，並感謝老闆的照顧。在《商業周刊》的專題報導〈一個高科技財務長之死〉中提到，直到當事人臉書關閉之前，竟沒有任何一篇貼文是負面訊息。他上頭寫的不是和家人慶生、度假，就是尋常的家庭活動，有誰知道他已經有超過十年的憂鬱症病史了呢？追求卓越業績、求好心切的背後，代價竟是如此慘痛。

另一位半導體資深副總裁墜樓身亡，官方說法為墜樓意外，但誰也無法解釋在大白天早上已請假，下午家人皆不在家時就出事，而且牆面高達一百二十公分，在沒有喝酒的情況下發生意外事件的可能性有多高。

現代人發生這樣的情況究竟有多少，被報導出來的當然是名人，尋常上班族如我們，真的有辦法處理生活與工作中的種種壓力嗎？當能力已不足以應付壓力時，真的可以偵測到自己「快不行了」而願意向外求助？

二〇〇三年港星張國榮自殺後那幾天，我服務的憂鬱症病人突然變多了。有個病人告訴我，他認為張國榮能夠解脫實在很幸運，自己卻還在受苦。那幾天他也失眠，常常想：「如果我從比張國榮跳的地方還高的樓層往下跳，例如三十幾層，會不會解脫得更快？」接著又說：「這些念頭我只敢說給心理師聽，因為說出來別人一定會認為我不正常。」

在我們所處的空間中，外表正常而內心痛苦的人不知凡幾！

這些內心痛苦無法與人說的人，多數都沒有在精神科就醫。我們如何能武斷地說，沒有就診的人比較沒有心理困擾？或者，求診憂鬱症的人自殺風險肯定高？誰不是每天承受情況不等的各種壓力？來求助的人不一定嚴重，但肯定比較願意面對，不過，願意面對問題亦不代表能夠走出壓力。

我曾經服務過一個長期就醫的病患，她的憂鬱症病史很多年，近年來似乎控制得很好，情緒沒有再爆走、也不再住院治療，只需定期服藥與門診追蹤即可，我與她的主治醫師都覺得，她的預後應該很樂觀。

孰料某日已約好晤談的時間，她沒有出現。這是晤談兩年來從沒出現的情況，時間一分一秒的過去，我的頭皮開始發麻：因為她也不曾遲到。過了十五分鐘我硬著頭皮打了她的手機，一聽到是哥哥接起來的聲音就覺得不妙：果然，她已於前一晚自殺身亡了。

我與她的主治醫師皆驚駭不已，一個轉不過去的念頭、像漩渦一般愈陷愈深非死不可的決心，就能完全抹煞掉這幾年努力掙扎要好起來的信念。

所以，沒有什麼完全治療的絕招，任何你所看到不同背景、不同性格的人，都

有可能會自殺，如果我們不直視自己的內在怪獸，那麼沒有任何人能夠幫助你。

壓力的感受是主觀的，別人沒有資格評論你的壓力，並非經濟優渥、或工作穩定、家庭幸福的人生勝利組就不該有壓力。感受壓力、情緒不ＯＫ是一種警訊，提醒你要開始關照你的心情，別讓它生病了。

二〇一五年藝人楊又穎的自殺是另一例。她在遺書中提及受到長期在「靠北部落客」酸她的網民霸凌之苦。她曾在上面回文「可不可以直接跟我說到底發生什麼事？」、「已經好多個月了」、「請妳直接來找我吧」，顯示她已承受不住。

過沒幾個月，另一女藝人楊可涵也在住處輕生，她的男友表示，楊可涵輕生前沒有任何徵兆：「我們前一天還一起做了很多事，她還計畫等我退伍後兩人到澳洲去玩。」

眼看年輕生命一一殞落，令人又惋惜又難過。在其追思會上，三立執行副總莊文信頒發給楊可涵永遠的「最佳女主角獎座」，只可惜就算得到真正的金鐘獎最佳女主角，她也無法親自出席了。

自殺者為何要讓家人朋友徒留遺憾？為何有許多自殺成功的人事前居然讀不出

一絲徵兆？身為旁觀者，或者知道其有些不對勁，卻不知道竟會這麼嚴重，共同的壓力鍋特徵是過度在意他人評價、自我要求極高、同時隱藏起自己的真實感受，讓他人誤以為情況還未到最壞。等到累積到引爆點，有類似壓力經驗的人便容易群聚在一起，互相產生影響，這就是為什麼每當名人自殺時，許多專家都得不斷苦口婆心的宣導，事情絕對有轉機，千萬別想不開。

韓國成均館大學三星首爾醫院研究組曾發布一個調查結果，韓國的自殺事件中，有一八％發生在知名人士自殺後的一個月，也就是一般人模仿知名人士自殺的「維特效應」（Werther effect）：自殺的高危險群通常會在事前就聚集在一起，一旦這個群體發生了負性事件，那麼群體的自殺傾向便會增加。

這些悲劇並非難以預防，可透過社會的支持關心而減弱、抵消，但前提是大家需要對壓力有更敏銳的偵測，自我覺察。了解自己可能不對勁，進而發覺他人的不對勁，才是根本之道。太多人疏於對情緒的關注與照顧，當心情感到不痛快時，常用不健康的方式處理：暴飲暴食、暴買、找個沉迷的物質投入其中、或者苦往裡吞，以為假裝忽略就會忘記。以上這些離你並不遙遠，並隨時考驗你處理情緒的反應，在你還有能力處理的時候，請盡早向人求助。

4. 大型災難後的共同療癒

另一種不知何時會隨時考驗自己心智的，則是不能預期的大型災難。面對共同的創傷經驗，社會必定留下某些難以抹滅的集體記憶，要修復，也需要集體的陪伴與療癒。

俗話說「人在家中坐，禍從天上來」，誰都不能保證，現在好好的自己，會因為什麼樣無法避免的天災人禍，讓自己失去面對的勇氣與能力。如果不在這時先打好預防針，那該等到什麼時候呢？

北捷鄭捷隨機殺人事件之後，有許多人好一陣子害怕坐捷運，不然就得帶把傘防身。門診時我遇到一個恐慌症發作的五十多歲婦人，她告訴我，當時鄭捷就站在她前面，若不是她一慌跌坐在地上，兇手砍的就是她，而不是後面那個人了。

八仙樂園塵暴事件後那幾天，所有新北市醫院都擠滿燒燙傷病患，我服務的醫院也不例外，所有相關醫療人員都得待命，當然也包括心理師。有一位全身七〇%

燒燙傷的女性傷者，住院一週才恢復意識，幸運的是，她的臉沒事，主要燒燙傷部位集中在手腳與胸部以下的位置。

當我去探視時，她還沒有完全清醒，她的媽媽與妹妹則在固定的探視時間出現，我表明身分之後問：「目前有需要幫忙的地方嗎？」她的媽媽說：「一切聽從神的安排，目前沒有什麼意見，但等女兒清醒，可能會需要陪伴與聊一聊。」媽媽表情平和鎮定，這是神給的考驗，而她們想努力地走下去。

對照當時新聞炒得沸沸揚揚，有些家屬理所當然的要政府買單，包括所有健保醫療費用與後續照顧，我所遇到的家屬則選擇相信她的神，並堅強面對。後來病人醒了，一連串的囈語與惡夢，一下子說房間「臭臭的」要換房間（產生了疑似嗅幻覺的現象，以為仍在事發現場），一下子說「手腳都被置換過，不是自己的」，吵著要下床，得不斷的勸服與安撫，接著好幾天無法安睡，得靠助眠藥才有辦法入睡，但即使狂亂的心靈還沒有辦法完全平復，無法記得「昏迷時的事」，她還是不忘關心她的同伴：「〇〇還好嗎？她的傷勢怎麼樣了？」

創傷後壓力症候群（Posttraumatic Stress Disorders，PTSD）是現代人最避無可

避的精神疾病之一。這個疾病望文生義就可了解，必定是個人遭逢重大災難，面對壓力所產生的一些心理症狀，而且症狀持續一個月以上。

從十多年前臺灣的九二一大地震，到美國九一一恐攻事件，以及因疾病而起的SARS、登革熱疫情等，無不考驗大家對於重大事件的忍受與調適能力，在這些事件中，有些人可以平靜度日，也有些人出現無法忍受、不時抱怨、哭泣大叫、甚至寢食難安的情況。

記得H1N1（新型流感）肆虐時，很多人搶買中藥「板南根」而造成大缺貨，有個長輩不知哪聽來的偏方，一口氣買了五大袋的鹽，她說，反正先買來放著再說。八仙塵爆事件之後，有的家長便不願意讓孩子出去玩，甚至有些立意甚好的娛樂活動也停辦了，這又似乎矯枉過正。而容易人云亦云、隨著八卦傳言起舞的人，是不是也容易成為創傷壓力症候群下的好發族群？

當颱風剛過自來水混濁度尚高的時候，有些人便開始搶買礦泉水；但也有住在災區的民眾，跋山涉水一整天來就醫時，即使全身沾滿泥土，依舊可以笑著說，還好有安全逃出來，平安最重要。

對壓力的因應，是不是與實際的承受度有關，如果實際感受到災難、並體會到了什麼，是不是也有助於我們的強韌度與成長？

風災過後，熱心的網友在極短的時間就募集了足夠的物資，當我在臉書上看到熱心朋友的轉貼，才第二天募集、整理了一些衣物想送過去時，去電詢問的結果，竟是「暫時不缺物資了，已經太多了，多到沒有人手整理」。人的力量還是很驚人的，端看是否要導向更正向的力量，**我們一定可以做點什麼，讓傷痛降到最低**。

你不一定有創傷後壓力反應，但一定都有類似經驗，或者聽過周遭親友有類似經驗。這種時候，我們可以試著做一些事情，減輕自己的負擔與痛苦。不論個人是否覺得痛苦，地球每日皆在運轉，我們也繼續活著，這些事情一再提醒我們，要多關注自己的心、試著接受自己的各種感覺，有正面、也一定有負面，**多注意自己的心理狀態就像關心健康一樣，無須抗拒他人的幫忙與支持**。

一個老說自己很正常、沒有病的人，就和那些明明喝醉卻說自己沒有醉的人一樣，對自己坦誠比對別人說謊重要多了，畢竟別人可不需為你的人生負責呀！

Part2

當心開始裂了

1「正常人」也可能得看精神科

心生病的線索，要依賴自己的感知。如果心生抗拒、無法對心坦然，那麼就算線索多如繁星，你還是會選擇視而不見。

就像我遇到的N個個案都會告訴我：「我『只是』脾氣不太好，只要學著控制脾氣，應該就沒問題。」、「我沒生病，是家人大驚小怪，硬要我來看醫生的。」再仔細一問，那些看起來沒啥大不了、家人太大驚小怪的事，其實都非常的「有事」，當心生病時，所有的感官與知覺都會跟著扭曲，跟著欺騙你的心，但你的身體與行為誠實多了，它們會用各種方式提醒你，讓其他人看見並帶你就醫，稍後我將會解釋身體與行為所釋放出的種種訊息，讓你了解自己已經不大OK，甚至需要向外求助。

有沒有生病不是你說了算，如果我們都能靠自己，精神科又何必存在？政府又何必一年比一年投入更多的精神醫療預算？如果你有諸如「我只是……」的想法，常常ㄍㄧㄥ著裝堅強，或者漠視自己的感受，那麼便需要好好的了解以下內容，精神科與你的距離沒有想像中得遠，它可以提供的幫助也比你想像得多，只是你還沒有機會好好認識罷了。

老愛強調沒問題，案情肯定不單純

一個中年男子開始晤談時吞吞吐吐，東扯西扯最近太太有多不講理、多挑剔，一問夫妻感情如何時，他又很漫不經心地說：「很好啊，我們一直很好，是最近幾個月才不好。」

我直覺感到案情不單純，中年夫妻怎有可能平常好好的，直到近幾個月才「開始變得不好」。我相信他說自己沒有外遇，如果沒有近期事件，那麼問題肯定出在兩人長年來的相處。

果然，二十分鐘後，當他比較能自在地談論自己時，我又再度繞回他與太太之間的關係。

我問他：「吳先生，我想冒昧的問一個很私人的問題，可以嗎？」

「妳問妳問，我沒有不能說的。」他很想給我一個大大方方、自己沒有太大問題的印象，只是他無法解釋為什麼最近生活亂七八糟、一團亂。我還是決定委婉而直接地切入，看能不能讓問題的核心浮現。

我問：「你最近一次跟太太親熱是什麼時候？」

他稍愣了一下，神色黯然地說，「其實，我們好多年沒有同房了……。」同住在一個屋簷下，但同床卻有困難，在「我們一直都很好」的自我欺騙表象下，其實早就存在問題很多年了。他讓自己埋首工作，以為各自分工，老婆只要把家裡打點好，即使夫妻關係早就崩壞，也要說服自己視而不見。

我暫時在這個問題上打住。要一個第一次做心理晤談的人坦露太多，也許有點殘忍，而且我的提問已經點明了方向，聰明的他必定理解我問題背後的意義。

我見他笑得有點尷尬，知道兩人關係不對勁，自己也一定有地方不對勁。他接著說：「剛剛在等妳時，我就在想，如果妳沒有準時出現，我就要落跑。我直到進診間之前，還不想承認自己看精神科，看看那些坐在候診區的那些人……我比他們要好得多了。」

的確，他跟那些外觀明顯有異狀、喃喃自語，甚至身上有異味的精神病患實在不能比。他事業有成、經濟優渥，兩個小孩皆念收費高昂、相當有名的私立學校，看似人生勝利組，怎會跟精神科扯上關係？

「我是鼓起多大的勇氣，才能說服自己坐在這個地方。」這是中年男子的為難與勇氣，也反映了多數「正常人」的困境：自己的條件正常，理所當然也該正常啊。

書讀得愈多，愈是有苦說不出

面對自己心的困境，正常人很難坦率泰然，位處社會金字塔頂端的優秀分子更是萬般艱難。

學業的有成，更被期許事業，甚至感情也要出色，明明這是兩碼子事，但學歷光環已被社會虛榮化。新聞中不乏「臺大博士賣雞排」這樣聳動的標題，除非他雞排賣得嚇嚇叫，收入甚至超過博士該有的水準才會引人豔羨，否則幾乎就會與「沉淪」畫上等號；國立大學畢業生去搶清潔員的名額，也容易登上要聞，彷彿這些高材生不該做這類工作。

不論自己心臟有多強，面對不當的期望，更使得知識分子在遇到困境時難以發出求助訊號，**不是不想，是不能**。

前文提過，某科技公司財務長毫無預警地在汽車旅館燒炭自殺，絕大多數的人找不到焦慮情緒的出口，只有盡力營造出美好生活的形象。愈是優秀的人，愈不願意求助，擔心麻煩到別人，也容易把求助當成是示弱表現，一個高科技業的總經理對上述憾事表示：「我很遺憾（指對方的離世），但是大家還不都這樣工作的……不然怎麼辦？」他剛從國外出差回來，每天平均工作超過十二小時，也只能無奈。

知識分子忘了自己也有脆弱的時候，人不是鐵打的，有血有肉有情緒，難道要等崩潰進了醫院，才來懊悔嗎？

藝文界也不乏情緒困擾之士，感情豐沛是創作的養分，但同時也是脫韁野馬。我曾閱讀一位喜歡的女作家，她在書中就不諱言自己長期有憂鬱傾向，但她不願意看醫生，只在書中寫道：「書寫就是尋求自我治療的方式。」過了幾年，她的憂鬱還是沒有好轉，作品的有無還在其次，就算能創作，她的情緒還是侵蝕了健康。

《躁鬱之心》的作者凱．傑米森（Kay R. Jamison）患有躁鬱症，也曾經試著用自己的方式治療，但到後來不得不承認：「再多的愛也無法治療瘋狂，或釐清憂鬱情緒。愛能產生助力，使痛苦較易忍受，但病人總是必須仰仗藥物……另一方面，瘋狂絕對可以毀滅愛情，而且經常如此。」

有些人既不是醫療專業，也多不需要靠靈感吃飯，卻寧願自己診斷自己，說些吃藥會扼殺創造力的話，實在令我很不解，聽起來也多半是逃避面對的藉口。生活都已經很混亂成一坨糨糊了，靈感對他來說又有何意義？

別等精疲力竭才後悔多走冤枉路

有時並不是自己想逞強，而是對精神醫療機構的不夠了解，擔心醫生、心理師無法解決他們的問題。也許我們無法進入病患的生活場域，但我們所受的同理訓練與分析問題的能力，正是專業所在。

電影導演不必會演戲，只需要有想像力；同樣的道理，助人工作者也並非一定得離過婚或結過婚，才能處理婚姻中的各種疑難雜症，這是許多人面對問題想求助時最大的卡關。

試圖說服自己可以「控制」症狀的說法更是說不通，讓我先來說明一個現象。我在精神科服務十五年，這些年來，精神科的門診量堂堂登上醫院所有科別的前三名，甚至與心臟血管科並列，門診人數只有增加，沒有減少。為什麼會這樣？

來這裡的許多人都累積了好幾年，一籮筐、盤根糾結的問題，其中更有許多人當初無不是站在「我要靠自己的力量好起來」的盲目信念，把求助本身視為可恥，可惜問題並沒有放過你，你終究還是得回過頭來花更多的時間，更辛苦地站起來。

當你終於精疲力盡，會不會希望自己當初別走這些沒必要的冤枉路？

2 人的脆弱說來就來，誰都不享優待

「我想我只要多休息就沒事了。」第一次住院的她這樣告訴我，渾然不覺自己的病已拖得太久。她因長期煩躁緊繃而睡不好、記憶差，連我才講過的話都記不住，不但拒絕吃藥，出院後也不願意回診，我認為她的情況並不樂觀。

「和我同屆的人不是考上公職，就是已經有證照，不然至少都工作穩定，不像我，研究所沒念完，公職也考了兩、三年，到現在還蹲在家裡好沒用。我一定要趕快出院，這樣才趕得上下個月的司法特考……。」有著傲人學歷的她已年屆三十；都是教職身分的父母，也在一旁幫腔：「所以妳要加油，才能趕快好起來。」

別說司法特考，她目前的身心狀態連讀完一本八卦雜誌都有困難，但此時她與家人無法聽進我們說的話，把自己逼到絕境，卻還沒有看見。

人的脆弱說來就來，並不會特別放過有才華、有錢有勢的人。曾經住過院，大病一場的人都能體會，**生死與健康由不得我們**，只是人踏出了醫院大門，常常就把教訓拋到腦後。

每個人症狀背後的原因都不同，沒有一模一樣的生活脈絡，也沒有如出一轍的性格，唯一相同的是我們都擁有機能相異不大的軀殼，想法負面、心情低落時會有怎樣的生理反應，亦是皆大同小異，這就是專業診斷的重要。

即便因為不同的理由而憂鬱，憂鬱會產生怎樣的症狀卻大同小異，這是醫療專業該負責的部分，至於診斷之後痊癒與否端賴自己是否能夠勇於面對。

不願承認、漠不關心，故作堅強的活著

許多憂鬱症痊癒的例子，都是在憂鬱症狀初期即承認自己有憂鬱症的徵兆，例如失眠、沒來由的悲傷、發現這樣的自己很不對勁、不該繼續如此，而發出求救訊號，沒有錯失治療機會。

就像前文提過那位原本羞於求助的中年男子吳先生一樣，任何事情的演變絕對都有跡可循，只是自己不願承認，或者周邊的人漠不關心。

我曾經和一位藝文界的朋友通電話，他在寒暄過後問起我的工作，我說我在醫院當臨床心理師，他便順口客氣的說：「那麼我萬一有問題，也可以找你做治療囉？」我回答：「我可能沒辦法接你的case耶。」

我的意思是這行業有一個職業準則，那就是不服務自己親戚或朋友，因為這牽涉到情感的涉入、關係界線的模糊，導致我失去中立客觀的立場，因此我寧可把對方轉給其他心理師負責。

不過他似乎來不及聽我的解釋，便會錯意了，有些負氣地回答：「也是啦，像我們這種知識分子，是比較不容易做一點。」無意間展現了高學歷者的優越姿態。

難道知識分子就不容易有精神疾病嗎？或者是說，知識分子所得的精神疾病，和普通人得的精神疾病會比較不一樣嗎？我擔心的是，高教育水準或高社經地位的光環，阻礙了人們直視內在需求的聲音，讓我們的自尊變得脆弱，而必須裝堅強的活著。

我在門診常遇到的知識分子，總是急急地向我辯稱：「我可不是精神有問題，我只是心情不好，想找個人說一說，我在國外念書時人家都有心理醫生啊，所以我覺得來這裡很『正常』。」能這麼想當然最好，看者對方的急急辯解，正顯出他的無助與無力，無法面對自己的問題。

其實我很想說，不要硬ㄍㄧㄥ了，來這裡求助並不丟臉。

面對→救助，一個好的開始

想知道自己內在狀態是否不太對勁，並不是一件太困難的事，對自己夠關注敏感的人都做得到，但**願意把它當一回事且認真面對的人實在太少**。對年輕人來說，有大把的青春可供揮霍、有那麼多有趣的事情等著他們去做，一點小毛病，實在不必杞人憂天的「挫咧等」！

延誤就醫其實等同於慢性自殺，等到發現問題又無法獨力解決，也不知道該去哪找到對的人，待尋求到正確的治療管道，通常已過了黃金治療期；這時又對醫療抱持過度期待，以為「只要治療就一定會好」，結果必定超出預期，失望之餘又從治療中脫逃，跌跌撞撞，也許日後會有復原的可能，但往往需要很辛苦的付出更大代價。

各位若不想虛擲歲月、白走冤枉路，從此刻關照自己的狀態與需求做起，只要能夠誠實的面對你的心，它並沒有想像中的那麼難靠近。

這幾年，我常看在媒體上看到名人談論自己的情緒困擾，從怎樣發病到怎樣求醫，最後終於戰勝病魔與心魔，**有憂鬱症病史又勇於奮鬥的人，儼然已成為現代社會的另一種英雄人物**。重新脫胎換骨的站在眾人面前，並坦露自己的心路歷程。

從門診中大量增加的病患中，我把他們大致分為兩類：第一類是積壓了許多年的病史，拖到沒有辦法了才來求醫；第二類則是受到類似名人（或身邊親友）的鼓舞，覺得沒什麼好丟臉而來的病人。

我很感謝後者的勇敢，他們勇於面對自己的內在聲音，企圖扭轉以往大家對精神科的偏見，因為他們，一時之間主動告訴周遭的人「我去看心理醫生」，竟也成為風尚。

面對問題，願意求助，就是好的開始。

3 身心一體，身體疾病有時是心理作祟

身心實為一體，東方有漢醫論述，西方心身醫學，強調的是心理健康程度與疾病的關係，我們已經不能將病痛簡化為生理因素，必須同時將身與心當一個整體來考量，無法切割。

「心身症」，是指一個人的心理變化會影響生理狀況，病人因為心理或情緒的問題，而引發某種身體的疾病，或者是更加重他原先有的身體疾病。就心理學來說，所有的疾病都與心理層面有關，故在專業上有人認為不用再特別強調「心身症」這樣的名詞，或者有個更囉唆的說法：「與心理因素有關的生理疾病」。

以往我們都認為，身體不舒服就醫身體，頭痛醫頭，腳痛醫腳，很少會想到它與心理層面的密切關聯，但心身症這個說法挑戰舊有觀念，我們再也不是疾病的無辜受害者，而是自身疾病的創造者。是故，處理心身問題的科別若不叫精神科，就叫「心身科」或「身心科」。

身體不適是心在搞鬼？

以下我將列舉兩個例子，說明身體與心理密不可分的關聯性。如果一個人因為家庭互動或社會支持不佳而有孤獨感，這種孤獨感會使免疫功能下降，當然也就容易生病；急性或慢性壓力也會造成免疫功能下降，當某些細胞活化的程度減弱，身體便容易處在脆弱的狀態。

1. 心理壓力演變成植物人

新聞中太多關於心身問題的相關案例。一位四十歲的女程式設計師在三、四年前勇闖中國發展事業，由於每天工作十幾個小時，加上她驚覺自己年紀愈來愈大，一事無成，眼看合約即將到期，身邊的錢又快花光了，心裡焦急萬分。

某日醒來時，她突然發現自己單側手臂癱瘓，經過檢查確認她既沒高血壓、糖尿病與中風的病史，也沒有吸菸的習慣，理學檢查也查不出毛病，你說，這豈不符合上述所說典型的心身症情況嗎？

不幸的是，她心理壓力引發的慢性疲勞，漸漸轉為心肌病變，最終惡化成沒有意識的植物人。

2.癌症患者因消極逃避而去世

許多臨床研究發現，假如癌症病人表現出消極逃避的態度，往往比醫生預期的早逝，這說明了情緒影響身體的密切關係。

當我的督導知道我抗癌進入第五年時（編按：作者曾罹患乳癌，現已接受治療並積極奮戰中），她告訴了我一個教人深感遺憾的故事。我的督導有個學有專精、優秀的朋友在六十多歲時，突然被告知自己是乳癌第二期，這位朋友告訴督導，她覺得她一生活夠了，剩下的就順其自然（亦即放棄積極的治療），我訝異的不是她的坦然，而是乳癌是一種治癒率極高的癌症，在充分的治療下都能被穩定的控制，而她一開始就失去求生意志，最後當然就如同她的預期，日漸惡化而去世。

我的督導遺憾的說，當初應該力勸她治療，只要她願意就一定會好起來。我寧可相信，她另有一些理由不願意活下去。當我化療期間掉髮，戴著頭巾、仍在門診與精神科病人談話時，曾不只一次遇到病人豔羨的眼光：「老師，妳應該好起來的，為什麼生病的不是我而是妳？反正我老早就不想活了，是我生病的話該有多好？」巴不得罹癌的是他們而不是我。

這些病人的意思是，如果他們罹癌了，也算順水推舟完成心願了（但也得真的病重到活不成才行）；心不想活，如果這個軀殼能配合該有多好。那麼如果倒過來說，身體病了，也許也能藉由心智的力量，來增加讓自己活下去的動能。

儘管你不一定是因為心理因素才生病，但一定可以透過正向心理幫助身體痊癒，兩者相互依存的程度正是魚幫水、水幫魚，**如果心不想活，身體罹病的機率就會增加**，互相拖累的程度也是呈等比級數的快速。

中國的腫瘤醫學專家何裕民即說，許多腫瘤患者不是死於疾病本身，而是死於「心理休克」，所謂哀莫大於心死，**許多癌症患者不是病死的，是被嚇死的。**

臺灣的抗癌名醫許添盛也說：「疾病是心靈痛苦創造出的結果。」所以治療身體必須先從治療心理做起，就癌症來說，目前有愈來愈多的關懷與支持團體，欲透過情緒支持的方式來幫助自己的病。在團療的過程中，許多癌友都發現彼此有些共同特徵，例如壓抑、固執，需要藉由分享來修正。

雖然目前科學仍在研究情緒與癌症的因果關係，但行為或心理治療卻可以減緩我們身體上的痛苦，不一定可以延長壽命，卻可以讓你活得更有品質、更有自尊。

各種難以解釋的身體病症，反映了心理問題

讀到這裡，一定有人心裡很不以為然：「誰都不願意生病，更別說是自己『故意』讓自己生病了。」

但真的是這樣嗎？你真的對你的身體瞭若指掌嗎？你知道身上的病症多少也反應了內心無法解決的問題嗎？更何況很少有人能察覺「潛意識」的問題。舉例來說，「顎骨性關節症」是一種牙齒咬合問題的疾病，在最新的醫學報告中，許多牙醫都認為這極有可能是身心壓力導致患者，在無意識的咬緊牙根所導致的問題。

又例如偏頭痛或拉肚子，這是我們最熟悉的毛病，相信大家都聽過身邊太多因為工作壓力大產生偏頭痛、或者要進考場前忽然想拉肚子的例子。這就是很典型的

心身症反應。中國有所謂「積勞成疾」、日本有「過勞死」的說法，皆與身體承受巨大心理壓力脫不了干係。以下列舉幾個有趣的心身症實例：

1. 有趣的準爸爸症候群

歐美國家醫學界目前已經同意，不僅懷孕婦女心理上會有變化，連準爸爸也有「準爸爸症候群」。當得知自己的伴侶懷孕時，許多準爸爸會經歷噁心、下背痛、早晨感到疲倦等症狀，也會開始變得神經質、敏感。

到了懷孕後期，準爸爸們進入「戰鬥狀態」，會覺得更加疲倦，手指腫脹，好像跟老婆大人的水腫很類似。這些毛病讓準爸爸難以啟齒，他們丈二金剛摸不著頭腦，不了解自己究竟怎麼了。

奇妙的是，當小孩出生後，這些毛病也自動消失了。其實這是好事，大自然要男人在此時某種程度的「當女人」，並做好當爸爸的準備，因為男人無法實際參與懷孕十月的過程，只好藉由這樣的體驗，分擔與同理太太的辛苦。

不過我想，並非所有男人都會有準爸爸症候群，出現這種「症頭」的男人應該會認同「懷孕是兩個人的大事」，絕大部分是願意與另一半分享經驗、共創一個家的盡責好爸爸。

如果是認為「女人懷孕就懷孕嘛，哪個女人不懷孕」的男人，我想多半不會出現這樣的症狀。

2. 夫妻吵架造成妻子癱瘓

在精神科門診中，我也會遇到一些很特別的心身症。

一對感情不睦的夫妻，在吵完架之後，妻子忽然右半邊癱瘓、無法動彈，做了許多檢查卻找不出生理上的病因。沒有罹患高血壓，也沒有細胞病變，更沒有心臟病，如果這是中風，應該會合併其他症狀才是，於是從內科轉到精神科來。

經過仔細晤談，發現問題極有可能在夫妻相處的心理因素上，於是由心理師安排做夫妻治療之後，妻子的癱瘓症狀漸漸得到改善。

3. 潛意識抑制了扣扳機的食指

這也是一個真實案例。某天軍中一個新兵打完靶之後，突然他扣扳機的食指再也無法動彈。就跟許多患有身體疾病的病人一樣，這個病人原先也很抗拒看精神科：「我的手指不能動，應該是去看神經內科才對，為什麼要看精神科？我的腦袋又沒問題！」

後來也許連神經內科都無法查出他到底怎麼了，終究還是把人送來了精神科。經過心理分析治療後，發現他與父親的相處存在很大的衝突，一個是怯懦的兒子、一個是威權的父親。

對這位新兵而言，**扣扳機這個動作，意味著對威權——潛在父親的憤怒與發洩**，但他內心「道德自我」的部分卻告訴自己不可以那麼做，不可以對父親扣扳機，即使這是無傷的自我想像（偶爾幻想自己殺死親人是無害的），但他辦不到，這種潛意識的道德力量突然將食指的能量壓制，造成他看似癱瘓的結果。

了解問題的根本之後，要治療他的食指症狀就容易多了。

身體出現病痛，其實是為了逃避心理痛苦

談了許多身心之病，我們再也不能忽略身體提供的警訊。身體無端出現問題，不正是在告訴我們，該好好傾聽自己的心、觀察自我感受，探查究竟是哪個想法或觀念失衡了？

常受困於身體病痛的人也許該換個方式想，不是你的身體病痛阻礙了你，而是你藉由病痛逃避了不想面對的痛苦。近幾年我遇到幾位年輕的宅男個案，就是典型的心身症表現。他們的特色在於，能夠很老練地陳述自己身上的種種不適，也許額外再補充外界社會的種種挫折、如何受到不公平的對待，並信誓旦旦地說，要不是現在身體沒辦法，一定會去工作。但他們不知道的是，習於當個病人角色，就是目前最大的問題。以下舉兩個例子：

1. 有很多「但是」的阿國

我有個病患，就叫他阿國好了，他是個把精神科當自家後院跑的人，第一次坐

下來就很清楚該怎樣介紹自己的病情，於是晤談時間很快就被病史占滿，只得再約第二次晤談。

第二次晤談，他還是花了將近一半的時間談身上的病痛，於是我忍不住打斷他的話，想了解他來找心理師的原因究竟為何。原來這個才三十出頭、還有大好青春的人，不願意在家養病終老，看著同儕有說不完的工作與生活話題，自己不禁又自卑又孤獨，這就是他在吃了多年的各種藥物之後，願意來找心理師談談的原因。

我說：「你身上的病痛可能一輩子都不會消失，既然你必須帶著病痛過日子，有沒有想過以後該怎麼過？想要過怎樣的日子？」

阿國愣了一下，表示自己想過不必再吃藥的日子，能和其他人一樣正常生活。不過他也接著說，雖然現在吃藥好像有起色，但擔心病情隨時會惡化：「我現在不能做太用腦的事，我的頭會痛、坐不住，所以我希望別人能夠體諒我。」他已經為自己找好臺階下：「我也想工作啊，但是我不能做太久，以前我有去便利商店打工，一下子要盤點、一下子要搬貨，做一天我就不做了。」

不能做用腦的工作，搬東西也說好累，自掘一個「我想……可是……」的陷阱，明知道自己該改變，卻用「但是」來塘塞、拒絕改變：「但是」我做不到，「但是」身體有可能又變壞……可惜這個盲點任誰都看得出來，只有他不願意搞清楚，繼續在諸多藉口與逃避中度過他的人生。

2. 拒絕長大的阿正

另一個案例，則是宅在家至少五年以上的阿正。他的國中生活一直處於不適應中，有人際退縮傾向，在一次被霸凌之後就拒絕上學，從此蝸居在家，有限的活動都在晚上，因為朋友只有晚上有空。幾年後他勉強去念空大的函授課程，因為假日上課比較沒有壓力，但最後仍舊被「擔心和同學的相處」以及「課業壓力太大」而再度敗下陣來。

他不是不想改變，老和朋友去夜店也很空虛，所以他想要為自己做些什麼，不過因為太久沒有面對社會，太害怕去經驗，一有不對勁，就快快縮回自己的安全小窩，不願再踏出一步。

面對我的詢問，阿正回答：「妳問我最近在幹嘛？還是一樣常常胃痛，本來有打算要和朋友去打工的，可是我想等病好起來再說，所以這陣子都在家休息。」

我心裡想的是：「你已經休息夠久，現在該是時候行動了，而不是繼續休息。」這幾年來他有嚴重的胃病，累積了厚厚的一疊病歷，反覆的胃痛反映出他必須改變的壓力，也剛好為必須行動找到好的藉口。

後來我問阿正：「你不願意面對社會的樣子，看起來像幾歲？」他停頓了一會兒，告訴我「大概十四、十五歲」，**時光停留在他拒學的那一年，那一年之後他就拒絕再長大了。**

這麼問也許有點殘忍，不過只有這麼問，他才知道自己離該長大的年紀還有多遠。此後，我不斷地挑戰他「現在說這話像幾歲」，期待他漸漸朝向想要的樣子。

慣於逃避問題、推卸責任？請傾聽自己的心

「心身症」這個說法，對某些人具有殺傷力，它大大挑戰那些慣於逃避問題、喜歡把責任丟給別人的人。他們會習慣強調「這是身體的問題」、「這是他人造成

的問題」，千錯萬錯，總不會是自己的錯。

心身症基本上是將人視為有行為能力者，我們不能在面對無法解決的問題時說：「因為我身體不好，所以我不能……」，就像我們也常常對著他人陳述類似的抱怨，想把發球權交給他人、把改變的能力交給別人（例如：「要不是因為某某人，我一定會……」），益發突顯自己拒絕面對的困境，不過這終究是困獸之鬥，沒人能代替自己活著，抱怨身體、抱怨別人，也不能讓自己更好。

然而，光是為症狀貼上一個標籤，並非解決問題的關鍵所在：知道自己（或別人）生的是什麼病當然是第一步，但知道之後該怎麼辦更重要，我們也許不能控制生病與否，卻可以選擇讓自己好起來。

以下我還是沿用阿正的例子。我開始請阿正多講講自己的夢想，多年來蝸居日子想做而沒有機會做的事，當然他想交更多混夜店以外的朋友、想做自己喜歡的工作，一個二十多歲的大男生該有的夢想，他開始可以眉飛色舞地描繪出一點想像，只是這想像仍需要時間去實踐，目前還看不出進度，於是我們協議將晤談暫時畫下句點。

一年之後我又見到他，沒想到他這段時間的改變很令我驚豔。阿正胃痛的毛病仍舊沒有好，不過這一年來他居然去上過班，即使只做了六個月，不過，六個月耶！對於從未有過打工經驗的他來說，真的已經很難得了。

這個社會正如他所預料的，沒那麼友善，不過有了一次經驗後，他居然像個職場老鳥般侃侃而談：他做了一個喜歡的工作，也自認很努力，不過做著做著就跟主管有點不合，然後就被變相的炒魷魚了。提起這些內容時也不如何的難過或受挫，好像開了竅，看清「職場不過就是這麼一回事」，我對他故作成熟的老氣橫秋態度感到有些好玩，覺得他的改變實在是太有意思了。

阿正早就沒吃精神科藥物，他正在勉力為自己的人生負責，因為經驗不足有時出些小狀況，胃痛也還沒離開他，不過他已經沒那麼擔心了。接下來，阿正想當一次背包客，來證明一下自己的能力。

「我想『一個人』去任何一個地方，不要是講中文的國家，但太遠的我又不敢去……。」「社會」這所大學的課程並不簡單，修業過程會有很多掙扎，他必須趕點進度才能拿到學分。「我想，等我完成這趟旅行，我一定會很不一樣！」阿正又緊張又興奮地說。

後來他選擇到首爾一個人跨年，天氣很冷，可是他做到了。

我們不能為自己找個代罪羔羊，藉以推卸自己的責任。而身體出現症狀，也不全然是負面表徵，起碼它正在對你發出某種警訊，就看我們有沒有心去傾聽罷了。傾聽身體發出的聲音只是改變的第一步。能夠單憑自己的力量克服當然最好，只是，這個自己來的歷程有時真的很辛苦，當你覺得努力的過程需要肩膀、需要有人加油打氣，家人或朋友的意卻不見得派得上用場時，你也許可以考慮到精神科，尋求更專業的治療。

4 千變萬化的心病

心也可能生病，上述所談幾乎把所有身體心理相關疾病全提過了，聽起來似乎包山包海，不過對於該從哪裡覺察心生病這件事，還是有幾個方向可以理出頭緒，診斷準則多如牛毛，大家最熟知的憂鬱症只是其中一種，思覺失調症又屬於被汙名化的那一種，我得從個人的整體出發，來解釋心理疾病的幾種大方向。

和其他疾病相比，心生病的界線顯得模糊不清，並非可以頭痛醫頭、腳痛醫腳那麼顯而易見，但看似模糊之下也有許多線索可以依循，在心理病埋上可依照幾個大方向來診斷：

1. 腦子生病了

腦部運作包括思考、感覺、知覺以及行為的方式。當腦部運作出現問題時，表現在外的行為很容易讓人感覺到不對勁，因為他「整個人看起來怪怪的」。

說是「看起來」，但又不是個人完全主觀的看法。當出現思考障礙時，其實可以從這個人所說的話當中找出一些蛛絲馬跡，可能是他言談中的部分內容不合邏輯，也許他常常答非所問，又或許所說的內容荒謬乖張，例如「我昨天的夢今天居然在電視上播出來」，都不是一般人際應對進退會出現的行為。

・思想障礙造成的思覺失調

現實中，不少人會說出自己正受到某某鬼神的迫害監控，他們深深相信自己所感受的內容，即便親友、醫師不斷勸說，甚至提出足以反駁的證據，仍無法使他轉念。這是因為他腦部運作出現問題而缺乏彈性，固著在他深深相信的面向，如果旁人試圖強加說服，只會讓他為了鞏固信念、排除異己而做出更多不當的行為。

「感覺」指的是視聽觸嗅味覺，透過大腦將感覺器官所產生的訊息加以解讀，就叫做「知覺」。知覺必須經由大腦的解釋產生意義，例如大腦有了玫瑰香味的知識之後，才會知道這東西聞起來像玫瑰。

所以，在知覺產生的過程中也可能產生問題，例如以為自己看到、聽到了什麼，都有可能是知覺扭曲所產生的幻視或幻聽。感覺經驗也會騙人，著名的「思覺失調症」，就是一種想法與知覺障礙的病，這些人感受到的世界與多數人並不一樣。

一個常騎車受傷的病友告訴我，因為「路上的斑馬線騎著騎著就會歪斜，連紅綠燈的顏色都變了，害我不知道要怎麼騎，結果就撞上旁邊的車子」。更多病人的經驗是「我知道明明沒有聲音，可是我腦中卻一直有很多人說話的聲音」、「我被那些聲音煩到受不了，他們一直在罵我……」。

感知與思考一樣，都是大腦解讀的結果，如果這個萬能的大腦出了問題，我們這個大腦的主人真是一點辦法也沒有，只有就醫一途。

此外，各種日常生活的能力也可能生病。認知能力是人類的學習基礎，包括記憶、解決問題、計畫、學習、抽象思考等等，如果一個成年人無法學會二位數加減、學不會一項謀生的技能，或者社交判斷有問題老是被別人騙，生活上肯定會遇到不少困難。如果以上的狀況是後天的，例如隨著年紀愈長造成的能力退化，則屬於老年失智一類，原來擁有的記憶與能力就跟沙漏一樣，一去不復返，現代醫學能做的，就是縮小沙漏的口徑，讓遺失的速度減緩。

2. 情緒生病了

情緒困擾是目前精神科（身心科）門診就醫的大宗。現代人漸漸能拋開「精神科是神經病去的地方」這種刻板偏見，許多人可以在感受到「快要爆炸了」、「很久都沒有開心的感覺」、「半年來每天早上醒來就哭泣」等情緒問題時，或是遇到自己無法解決的巨大壓力，例如感情上的劈腿、外遇、親人突然過世、甚至是突然被告知罹患癌症等，都願意到精神醫療機構來尋求協助。

對於情緒也會生病這件事，相信大家已有十足的概念，破壞性的情緒會侵蝕我們的健康。例如憂鬱會讓活力降低、常覺得沒力氣，吃不下睡不著，以灰色的觀點看待自己與世界，連帶的想法也跟著生病了。

・憂鬱症

一個有憂鬱症狀十多年的家庭主婦，多年生活封閉，近年來更嚴重。以往心情不好還勉強能維持家務，到後來連基本的清潔工作都不想做，在家也刻意不開燈，因為「暗暗的就看不到地板髒」，整日只能躺在沙發上，也不想煮飯，三餐依賴子女從外面購買，成為名符其實的「沙發媽媽」。

一開始她被動地由先生帶來就診，也不願意接受心理晤談，認為「拿藥就好，談話太麻煩」，對原來提不起勁的沙發媽媽來說，離開沙發本身就是一件不容易的事，遑論做心理治療。幸好她有個好的開始，在門診一段時間之後，她不排斥就診時「順便」跟心理師聊一聊，漸漸可以自己來不需人陪，然後更進一步的，願意除了門診外，另外再跟心理師約診。這表示，她願意為自己的問題而努力，當自己的辛苦委屈被理解、支持時，也是情緒漸漸好轉的契機。

情緒當然不只「憂鬱」一種表現，它可能煩躁、狂亂、起伏不定如坐雲宵飛車。只要情緒太過與不及，超過我們可以負荷的範圍，即使自認為是好的、愉悅的感覺，狂放過頭就有可能變成激昂亢奮到失控。

至於衡量過與不及的那把尺在哪裡，我將在之後的章節中詳述。

・焦慮症

如果我們把憂鬱症稱為「心靈重感冒」，那麼焦慮症就一定是最普遍的現代文明病。焦慮指的是太多反覆擔心的念頭，承受太多內外在的壓力，以致於有緊繃、易怒、睡不好的症狀。父母擔心小孩課業、小孩擔心交不到朋友、先生擔心失業、太太擔心老公外遇……，角色愈多擔心愈多，當然這些症狀也極可能同時造成憂鬱，於是混合許多情緒症狀的人也愈來愈多，愈來愈難解。

・躁鬱症

「啊，我最近很『躁鬱』，一定是得了躁鬱症！」這些難解的情緒，有些人乾脆自我診斷，即使我想試著告訴他，憂鬱、焦慮、與躁鬱，在定義上是指三種不同的心理疾病，都各有不同的症狀表現，但仍舊有不少人充滿誤解。

聲稱自己「躁鬱」的人，其實多半是「焦慮」，音相近，卻差之毫釐、失之千里，不同的診斷，就涉及不同的治療方式，當然有釐清的必要。

我無意讓此書變成衛教手冊，我更在意的是大家能否藉由本書開啟照顧自己的雷達，希望能偵測出心靈何時出問題。如果你願意打開雷達，情緒是很容易被覺察的，情緒會化為行動、化為語言、化為很直接的生理變化，讓你失眠、輾轉反側，讓你不想面對都不行。

3.人格生病了

人格也會有生病的時候，這是一個容易被忽略的領域，它常常被情緒及其他問題所掩蓋，例如長期的不樂感、多年的失眠，窮盡各種方法仍舊沒多大改善，其實背後可能是性格因素作祟。

一個習於自我要求的人，有屬於自己的規則與完美標準，即使外在環境變動，換了工作，經營下一段感情，但本質未變，遇到問題還是老樣子。人格也可以稱性格或個性，它有三個特色：

1. **整體性**：個人的心理特性反映在行為模式上，是一個完整的呈現，例如愛乾淨的人絕對會花很多時間在清潔上。

2. **穩定性**：人格結構不因時間而有大幅度的變動，俗話說「狗改不了吃屎」，即指人格養成的習慣積習難改。

3. **一致性**：這人格不因為在學校或在家裡、地點的改變而有明顯的不同，「牛牽到北京還是牛」即是此意。

既然如此，如果人格與外界碰撞產生了不適應，造成了身心種種問題，是不是也算生病的一種？

在《精神疾病診斷準則手冊》中，羅列了十大項主要的人格疾病，這是精神醫學經過數十年的臨床經驗，所整理出有適應困難，造成生活重大障礙的各種人格。

人格問題難以被討論、處理、甚至難以治療的原因，在於這問題太棘手，並非開了處方藥、做了治療就會有明顯的好轉。於是在目前效率取向的健保體制之下較少被討論，坊間書籍也少有相關心理病理的論述。

不談、不看不代表不重要，人格問題會成為重大的社會成本，因為人格會對個人造成長遠的影響，並對周遭與之相處的人產生破壞性，可分為三個面向（以下引述自我的著作《我只是特別，不是難搞》，遠流出版，二〇〇九年）：

1. 面對自己的問題時會說「我一直都是這個樣子」，認為這樣很自然，沒什麼需要改變的。
2. 完全沒有察覺（或幾乎沒察覺）自己的行為已造成他人很大的困擾或傷害，他可能會引述家人朋友對自己的看法，但會補上一句「可是我不覺得」。
3. 一直抱怨自己的問題，知道自己要改變，實際上卻逃避任何改變。

有人在感情中無法穩定，不斷劈腿、不斷尋求下一份更夢幻美好的愛情；有人為達目的不擇手段，即使犯罪也在所不惜，只要不被發現就好；有些人似乎天生沒有內建親情與友情、孝道這些觀念，不斷向身邊的人需索，直到榨乾他們為止。所以我們才會從社會新聞中，看到那些乖張離奇、不可思議的案件。

由此看來，當下次遇到不可理喻的人時，也許就該進一步思考，對方是不是人格問題在作祟？這樣的人格問題該如何理解與治療？

•人有各種面貌，別急著為他人貼標籤

心理疾病的類別，絕對不只大家熟知的憂鬱症一種，而屬於想法知覺類的思覺失調症，也並不如想像的可怕。有些心理疾病光靠藥物就有很好的療效；有些心理疾病則需要藥物與心理治療雙管齊下，也有些心理疾病目前醫學都還無計可施。

至於要從哪些指標來判斷是否異常，則是後話，在下一個章節中，我將從人的幾種功能面向，來判斷一個人是否真的到達需要就醫的程度。

然而這把用來判斷症狀輕重的尺，對某些人來說仍有可議之處。曾有人告訴我：「我覺得自己沒有問題，難道不行嗎？」聽起來好像有道理，可惜這樣的自白中缺乏根據。前文曾提到，所有的感官知覺、想法都有可能欺騙我們，你如何確定自己真的沒有問題？再者，許多疾病不只依賴主訴，也依賴他人觀察與客觀標準，不是自己說了算，除非你能自絕於這個世界、遺世獨立，完全確保自己不會影響他人的生存與權益，否則別人的觀點對於個體仍舊重要。

不過我也同意，很多與常態不符的情況與其說是「病態」，不如說是「異常」（abnormal），急著替他人貼上疾病標籤並不公平。例如能力，能力不足的智能障礙

者不該視為一種「病」，這些能力不及正常人者是天生如此，並非接受什麼治療就能「和正常人一樣」，他們應該被協助、被理解，找出可以融入社會的方式。

在理解心理疾病的同時得隨時提醒自己，人有多樣面貌，沒有絕對，更也沒有自以為的「應該」，期望大家都能藉由閱讀此書更開放自己、了解各種可能。

Part3

當心崩潰了

1 你不用什麼問題都獨自面對

感覺到自己不對勁，即使不見得會來精神科，卻很少人會毫無所感，當內在偵測雷達已在嗡嗡作響、閃著紅燈，儘管聲音很微弱，但你心裡一定有數。

我曾有位乳癌病患，她並非不知自己乳房長有異常腫塊，但那時她的先生剛去世，心裡煩亂不知所措，照過一次超音波後就沒再理會，甚至連報告也沒去看。然而，她並未低估其危險性，相反的，她是刻意置之不理，看有沒有機會「和先生一起離世」。

結果當然沒如她所願。她最後還是去看了醫生，從乳癌一期拖成三期，從原來只需做四次化療、變成做了六次化療，儘管多付出了一些代價，所幸病情仍得到穩定的控制。治療結束一年後，她坐在診療室裡，喜孜孜地告訴我已有了新戀情。

如果她繼續選擇不面對，當然也就沒有後來的幸福了。

人有自毀、也有自救的本能，這兩種本能常常在同一個人的心中掙扎。來求助的人，自救部分可能暫時得到一點點勝利，不過仍舊在拉扯；治療的時間漫長，中間有太多機會可以落跑——不見得單指「看診」這個行為，而是「面對自己的問題」這件事。

「你不一定要『來這裡』解決問題，但一定要解決問題」，我總是苦口婆心的這樣勸說，不論是用藥還是心理晤談皆非萬能，它們只是方法之一，要緊的是自己想不想面對。

「我從沒看過精神科，不過我不舒服到極點了，整個人快要爆炸了，非來不可」，有人這樣說，怎麼個不舒服說不上來，雖然想法很模糊，動機卻很清楚，行為上則一步步踏上改變之路。

更多時候是拉扯之後的結果，既想來，又不想來；一方面覺得自己快崩潰了，另一方面又覺得似乎沒什麼幫助。更有許多病友受到「你要靠自己好起來」的親友團關心，暗示他不要就醫，凡事都要「靠自己」。

這其實嚴重曲解「靠自己」的意義，這個社會在疾病觀上，有一種強烈「靠自己」的個人主義傾向。**身體是自己的，要不要好起來也是自己決定，但不表示，自**

己可以醫好自己。心理學大師阿德勒（Alfred Adler）認為，心靈發展出的各種特質，都是以團體的生活方式為基礎發展而來，如果你受到親友的勸阻而不願就醫，不就代表親友已經影響了你，你其實根本無法「靠自己」嗎？

用心中的尺來衡量就醫需要

我希望能在本章的篇幅中，強化大家看待問題的警覺心，相信你的直覺、增強求助的行動力。那些種種看似說不上來的感覺，其實可以整理成以下幾種指標，這些指標的依賴來源，除了自己的主觀感受外，亦包括周遭親友的觀察回饋。

為何心理疾病不能完全由自己說了算？因為**有些疾病症狀會侵蝕病人的感受、扭曲想法或知覺**，讓當事人不覺得自己有這麼糟，甚至以為自己根本沒有病，但周遭的人卻能站在較客觀的立場來判斷。

所以在判斷上需綜合主、客觀因素，很謹慎的判斷當事人需不需要就醫。基於人權的考量，對非當事人來說，如果沒有自傷或傷人的危險，任何人是沒有權力強逼你就醫的，即便是住院，也需要病患本人同意、並親自簽下住院同意書，就醫與否的那把鑰匙，還是掌握在你自己手上，如果你有聽聞某醫院會把人「抓起來」或「關起來」的傳言，那一定又是關於精神科的就醫恐慌或偏見。和被斷章取義的新聞一樣，所謂「抓」或「關」，其實是大眾對醫療體制的誤解，《精神衛生法》有清楚的執行醫療規範，對於有自傷或傷人危險性的病人，為保障他人的安全，縣市主管機關有權指定醫療院所進行強制的緊急安置，時間最長不得超過六十天。

不過以上是極少數的狀況，絕大部分就診的病人不管意識到多少問題，都希望自己更好更健康，精神科的醫療人員都可以協助你意識不到的部分。

不要害怕藉由他人的眼來看自己，如果你已準備就就緒，接下來就拿出你心中的那把尺，來衡量這些過與不及的指標，如此一來，你就會明白自己有多需要協助。

1. 生理功能：身體提供的線索

早在古代《黃帝內經》就有七情五志的說法，把人的情緒表現分為外顯與內隱，兩種情緒的破壞性反應，都有可能傷及身體的五臟六腑：「怒傷肝、喜傷心、思傷脾、憂傷肺、恐傷腎」，也就是如果心情不OK、不美麗，那麼身體一定會有不良反應，比自己還誠實。

可惜我們對於許多狀況缺乏警覺，只是很用力的找出身體不舒服的原因，而不願更深一層發覺，心裡是否蘊藏著某種無處可去的問題。話雖如此，如果將所有身體問題都與心理扯上關係，又難免泛問題化，這裡所談身體問題的訊號，得先排除生理疾病，如果真的有身體方面內外科的診斷，則不在此部分的討論。或者你無法確定身體的不舒服是否與心理有關，那麼你得先去做過相關的生理檢查來確認問題，如果仍有疑慮，再來回到這章來檢視心理狀態。我們不妨將身心問題更聚焦一些，將線索放在自己的基本生理需求：飲食與睡眠上，以「有無明顯的改變」，來判斷是否為心理問題造成的影響。

・睡眠評量

睡眠的一般性標準是七~八小時，但這與一餐該吃多少量一樣，沒有標準答案，即便藉由最粗略的年齡來分類，每個年齡層也有所不同。有人每天睡了十小時也不覺得飽，有的人卻只要睡五小時就夠了，因此失眠並非用「睡了幾小時」判斷，應就「品質」論定：早上一覺起來仍不覺得飽，反而愈睡愈累、睡不夠、睡不好，那就可說是失眠。干擾睡眠的因素很多，翻來覆去一段時間還不能入睡、睡到一半很容易醒、雖然睡著但夢很多，醒來後覺得好累……這樣的睡眠品質都不算好。

·飲食評量

在飲食方面，也可以用有無明顯改變來判斷是否受到心理影響。例如突然食欲不振、胃口大增或口味改變（原本不吃辣的人突然很愛吃辣，吃再多都不覺得辣，麻木的情緒反應在行為上，不知不覺吃更多）等，這往往直接表現在體重上，或是來自於別人的觀察，他們會比你更快發現自己的改變，例如「你最近胖（瘦）了好多」、「你的氣色不太好」等，氣色是個籠統的形容詞，卻能反映出一個人的整體性，即使你自己還沒有太多警覺。

能因應許多情緒困擾的方式是飲食，我們常把食物視為情緒的出口，或是轉移問題的手段。當你無法察覺問題、甚至無法解決問題時，便會一直吃（或是一點都不吃），此時你心裡的想法是，「至少我還能掌控自己的吃與不吃，人生由不得我，體重總可以吧！」

但這些終究不能解決真正問題，反而干擾、轉移了對真正問題的注意力，甚至造成更深的執念。例如：已經多年睡不好的人說：「我只是睡不好啊，並沒有精神上的問題。」BMI（Body Mass Index，身體質量指數）小於15（編按：國民健康署建議成人BMI值應維持在18.5～24之間）、體重已低於應有體重八五％以下的人說：「我只是覺得自己應該再瘦一點，很多人都在減肥，不代表我有問題啊。」「只是」這二字，完全是在避重就輕，不論你願不願意接受，這些都是心理問題的線索。

2. 想法思考：太多的「應該」與「為什麼」

心理治療的認知行為學派觀點中認為，憂鬱症是「想出來」的病。想法產生的情緒症狀會讓我們生病，真正在後面作祟的，是「想」這件事。例如，太多的「應該」，往往造成更多的困惑：

- 夫妻「應該」要和睦→太害怕吵架，反而一味求和。
- 婚姻「應該」要由一男一女組合而成→無法面對同志與多元成家的議題。
- 學生「應該」要好好念書→當孩子不好好念書時，完全不知所措。

最終，當愈來愈多的例外出現時，怎能不產生信念大崩盤，情緒大暴走呢？

固著的想法累積久了，也可能變成性格的一部分，當積習難改，便不易察覺。想法的病態性也會影響生理表現，例如，許多焦慮個案都會主訴思緒繁雜、無法靜下心，並影響手邊正在做的事。這類病人常主述頭痛、頭暈、頭腦不停運轉，強迫似的反芻一個又一個念頭，無法得到一個好眠也是意料中的事。

有個長期憂鬱的病人告訴我，他就是無法原諒父親過去對他的態度，不像一個父親「應該」有的樣子。他告訴我他被傷得很重，但我從他描述中又得知，這是他讀國中以前的父親，這些年來他的父親盡力學習去做個好爸爸，現在二十多歲的他也坦言，父親十多年來改變很多，但他依舊不願放過「過去的父親形象」，**抓住負**

面事件不放，常常看到自己的失敗與別人的缺點。

這種「憂鬱性人格」疾患（Depressive Personality Disorder）已在《精神疾病診斷準則手冊》第四版（DSM-IV）中被提出，這是一種尚在研究與討論的人格特質，雖還未被列入正式診斷，但眾多臨床案例的蒐集，已可用來說明許多人格分析上的不足之處。

這類型的人會持續執著於負面、不開心的事情，即使現在沒有新的事件可煩惱，也會過度擔憂未來。總歸一句話，他們認為自己不值得、不配得到快樂。常常預期事情最壞的狀況，習慣性的唱衰自己與他人。

有些人則是在思想上有習慣性的怨恨，對世界採取負向態度、慣於用逃避面對問題，但各種逃避的手段卻有異常積極、有力。例如主管要求你如期完成一份工作，你頓時出現許多想法：為什麼是我？我怎麼那麼倒楣？行為上則有一些看似消極，但隱含積極破壞性的狀況，像是不斷抱怨、對任務拖延、遺忘，當最後真的做不好時，又會有受傷、被誤解、被貶抑的不甘心感受。這種負向、自我殺傷力強的力量，很多時候也會間接傷害周遭的人。

另一種引起臨床討論的人格問題「被動攻擊人格疾患」（Passive-Aggressive Personality Disorder，與「憂鬱型人格」一樣在DSM-IV中提出）也有想法上不可動搖的問題，特色是「他人要求自己在社會及職業狀況能合理表現時，表現出負性態度及被動抗拒」。

憂鬱性人格、被動攻擊人格，這樣的觀察與討論點出了唱衰型慣性想法的積習難改，是如何對心理健康產生長遠的破壞性。

一九八〇年代，美國與英國提出所謂「C型人格」的說法，與被動攻擊人格的描述有部分相似。其性格特色為息事寧人、不喜歡紛爭、壓抑煩惱，處事以退讓為主，故難免犧牲自己去成全別人，但其實心裡累積很多委屈感受，不甘心，只好私下感嘆哀怨……聽起來是不是很熟悉？甚至帶有一點街坊鄰人或親友的影子？他們總是抱怨一輩子辛苦奉獻，卻得不到回報。這股強大的負能量與癌症的罹患率有極高的相關，故研究人員又將這樣的性格特徵稱為「癌症性格」。

我遇過一位五十多歲提前辦退休的男士，他不但外表、氣質、學養俱佳，還會說三種外語，但一開口就有許多憤恨不平。既怨恨過去職場上受到不平對待，又氣自己性格偏激，造成投資失利與經濟負擔，有時又兼抱怨執政黨與官僚政府。

他告訴我，他很清楚自己的問題出在哪裡，但也沒打算改變，因為天生性格如此。他擁抱著這些抱怨，在每次的晤談裡反覆地訴說。我無法撼動其中的一絲一毫，也只得和他坦承，如果他無法把抱怨放在一邊，在心理治療上我就使不上力，偏偏他並不想接受專業治療，只想找能夠聽抱怨的人，於是我們結案、就此打住。

過了一年，我在門診巧遇他，正如我預期的，他不但沒有好轉，反而變得更糟，身形愈發削瘦、頭髮也更稀疏。我主動打了招呼，只見他神色黯然，說自己前陣子檢查，確定得了三種癌症，正在接受化療，眼下只能等死了。

我不忍細問他得了哪三種癌，只得尷尬的道聲保重後匆匆離去。很不幸的，這種因負面性格招致的癌症，正是強大負能量累積的結果。

儘管上述三種研究中的人格問題不能當作正式診斷的標準，但已明確點出內在想法對於心靈的殺傷力。**負面想法會逐漸累積成習慣，漸漸侵蝕我們的健康**。即使你表面看來平靜無波、逆來順受，若常存有「他人負我」、「心有不甘」的想法，久而久之就造成情緒的病態表現，由此可見，「想法」對心理健康有多麼重要。

3. 情緒表達：過與不及的反應

想法會影響心情，而心情本身的表現方式則是更清楚的線索。心情好壞雖然主觀，卻不容小覷，只要當事人覺得不好，那就是真的不好，沒什麼好質疑的。有些個案會這麼說：「我最近心情真的很差，但我應該沒資格抱怨才對。大家都說我好命，有個好老公、小孩也很聽話，我也覺得自己過得不錯，我實在不應該心情不好……。」

儘管她解釋了半天，但就是無法說服自己為什麼心情低落，但不好就是不好，如果可以盡情歡笑，誰願意選擇悲傷？並非外在條件豐足的人就沒資格心情不好，勉強自己或否認也沒用，不如好好面對，試著分析自己為什麼會心情不好。

情緒的表達讓我們成為一個有感覺的人，人類也正是因為有了這些感受，才有文學、詩歌與音樂等創作，甚至有很多時候，負面感受才是創意最大的養分。那麼，情緒起伏到何種程度才算不對勁呢？大家除了可以參照第一二〇頁「是否影響生活功能」的四個指標外，「過與不及」也是一種參考標準，情緒就像心電圖一樣高低不定，有時愉悅、有時沮喪，只要是在合理的承受範圍，就不需要看精神科。

什麼情況下的情緒起伏需要就醫？如果你的愉悅高張是可以連續好幾天不睡覺、很亢奮、精力充沛，腦子跟身體停不下來、無法煞車，那並非得到神助，而是你快垮了——過量的情緒先透支了你的能量，接著就要急速走下坡，從高處跌落黑暗的天井，深不見底；如果你的沮喪不只是沮喪，而是每日哭泣，覺得自己活在世上是多餘的，那麼這樣的情緒對生活的破壞絕對是全面性的。

像雲霄飛車般的情緒起伏，絕非普通心臟承受得起，有些人的劇烈起伏是敏感、容易煩躁、坐立難安，一點點火花就足以一飛沖天；家人一句普通的問話，就能夠讓你暴走，這些過度反應都是情緒症狀的一種，並非只有憂鬱才值得大眾關注。

情緒起伏過高值得注意，那麼起伏過低，甚至毫無起落、平靜如湖面是好是壞？有個高中女生第一次晤談，她的眼神空洞、面無表情，等我發問她才回答。我很納悶，這不像病患主動求診該有的反應。通常自願求診的個案無不滔滔不絕，深怕時間不夠用；或者看起來滿腹心事，又不知從何說起，或是雖然話少，但臉上寫滿了故事。

慢慢聊開之後，我才知這個小女生的確是自己主動想來，她知道自己必須看醫生了，覺得活得好累，每天跟行屍走肉一樣，但除此之外，她無法補充更多內容，那些說不出口的種種問題，已經麻木、冰封起來了。在冷凍庫待太久的東西，當然要花時間才能慢慢解凍，我很願意陪著她花點時間，一點一點的解開心中的謎。她開始服藥，效果還沒完全顯現，吃了沒特別感覺，不過她說，不吃會更糟。

太淡漠的情緒表現是麻木，而非真平靜，有時個案說心情並沒有到「不好」，其實是因為他們忽略自己的情緒太久，感覺已經失真，為了保護自己不再受傷，只有將情緒收起來、避免有任何感覺，才會失去該有的鮮活姿態。

不合宜的情緒表現也值得注意。例如明明講的是一件悲傷難過的事，對方卻一臉開心的表情。當然你有可能認為某人該死，所以當他死亡時你並不難過，甚至鬆了一口氣，這都是正常反應，但如果描述內容與該有的反應並不一致時，表示情緒調節出現狀況。例如有人告訴我，她小學有很多年的時間都自己住，還學會模仿大人的筆跡簽聯絡簿，然後母親去世，她被送到孤兒院……我見她描述時像是在講一個不相干外人的故事，嘴角帶笑、語氣輕鬆，那絕不是真正的開心。

當情緒表現已破壞了你的生活常軌，不論哪種情緒，都會讓自己大部分的生活一團混亂，此時，情緒已經不是你想控制就能控制，它需要被理解、找出背後的想法，以及看看在生活上造成多大的影響。

4. 行為表現：無法維持原有生活功能

「我會一直換工作，是因為沒遇到好老闆」、「我會一直轉學，是因為同學不斷找我麻煩」，有的人從未想過檢討自己，凡事都是別人的錯，不願承認自己可能也有需要改進之處。這樣的個案往往是旁觀者清，由關心他的師長，親友陪同就診，而當事人如果還願意被動配合前來，表示對自己仍舊懷抱一絲絲的期待。

缺乏自覺的尚在少數，大部分人對於生活功能指標的自覺都很高，畢竟當情緒問題嚴重到已造成生活上的困難，任誰都很難再說服自己沒生病。生活功能包括日常該執行的各種事務，依照各個角色而有不同。大體來說，只要生活上出現以下幾種困難，便很難再自欺欺人了。

- **職業功能：**無法維持一個工作、時常轉換，或者在工作任務中的品質不佳，常曠職、犯錯、遺漏或無法完成任務。

• **學業功能**：常翹課或常常想翹課、缺席，無法投入課業或學校活動，學習困難，或成績表現不穩定，變化極大。

• **人際關係功能**：在家無法與家人保持關係，相處緊繃、衝突，或疏離淡漠。在學校則無法與同儕建立關係、沒有朋友或朋友極少，不足以建立基本的社交圈，人際封閉。

• **生活自我照顧功能**：無法維持固定作息，或作息紊亂，吃睡不定期甚至需要協助，生活缺乏安排與內容，無法維持家務，處理日常生活事務（如外出、採買、搭車）有困難。

生活功能是總結上述的所有反應，只要在生理、想法、情緒這三項有明顯困擾的人，在行為表現上必定有程度不等的影響。例如許多拒絕上學的孩子，在生理上會出現拉肚子、頭痛、頭暈的症狀；在想法上則有「大家一定不喜歡我」的破壞性負面想法；在情緒上則可能有悲傷，沮喪、自我無用感、無助。對於無法直視自己拒學問題，只能簡單表示「我只是不想上學／上班」的學生或上班族來說，這幾種參考指標缺一不可。

心理疾病的診斷多屬於類別取向，依賴人的陳述而非肉眼可辨，在程度輕重的向度上，則需要綜合許多人的主觀，形成一個「可信賴的主觀」。包括自己的主訴、親友觀察、專家判斷，而被認定為症況或疾病，亦不僅僅是主觀認定，在上述幾種觀察指標上也達到明顯的困難。

心情寫真

我本身罹患過癌症，非常能體會同樣是癌友的心情。許多人急切的想找出答案，無非是在「為什麼會是我」的震驚下，亟欲抓浮板的求生反應。但其實癌症明明是臺灣第一大死因（衛生福利部於 2017 年公布 2015 年國人十大死因，第一名即惡性腫瘤），為什麼不可能是你呢？即使讓你找到原因，難道問題就解決嗎？不能，有時找答案的過程更是心慌，擔心家族病史會讓下一代罹病機率大增，然後就想著要不要去做基因檢測、以後是不是無法懷孕了……活在自己製造出的恐懼之下。

任何疾病都在提醒我們，是不是該檢視、調整現有生活。前文提過的癌症性格，其實在某些層面上也有它的意義所在，生命有限，疾病就是個思考人生的機會，而不是藉此來責備自己或他人。

以上幾種指標的觀察重點在於「有無明顯變化」，如果這些變化已維持了幾週、甚至幾個月，那麼建議找醫生求診，但如果是兩週以內（精神疾病診斷準則中常常以兩週當作是否發展出症狀的指標），則可以再觀察，看看會不會好轉。

有些個案的進程緩慢，但若認真對照前後變化，可發現很明顯的不同之處。例如，有的病患已經好幾年沒有好好睡覺（過去明明睡得很安穩），或好幾年不覺開心（記得以前是很開朗的性格），那麼他的問題已有些棘手，一定要盡快處理了。

例如，曾有一位四十多歲的人告訴我，他二十多歲時不論性格與脾氣，都不是現在這個樣子。以前的他個性直爽、朋友又多，不像現在畏畏縮縮，連朋友都幾乎沒有了，這漫長的變化已形成長期性、慢性化的障礙，絕非幾個月發展出的症狀可比擬，這問題可嚴重了，我強烈建議他一定要繼續看醫生，而且絕對要有耐心。

2 臺灣的心理醫生在哪裡？

當你發現自己有必須就醫的幾項指標、帶著疑問想來尋求答案時，難免有些過度的期待。或許是受到大眾影劇作品中心理醫師的角色影響，不論是洋片《靈異第六感》、成龍的《重案組》、還是韓劇《沒關係是愛情啊》、日劇的《女人四十》等（太多了，族繁不及備載），患者心裡總會想著：診療室裡有躺椅嗎？心理醫師帥嗎？美嗎？（咳咳……並沒有）精神科看起來和別科有什麼不同？

在正式介紹之前，也許我們應該先釐清一個問題：臺灣有自己的心理醫生嗎？實際上，臺灣的醫事證照類別中，並沒有「心理醫生」這個職稱，這個說法大多來自電影或文學作品。

在大眾認知裡，心理醫生是能為病患做心理治療服務的專家，但因為臺灣並沒有這種職稱，於是出現許多灰色地帶，看似可以為民眾提供心理服務的名目紛紛出籠，其中夾雜許多好為人師的「心靈導師」、宗教人士，甚至有些商人掛羊頭賣狗肉，打著心理或心靈招牌，實則兼做水晶或宗教產品的買賣。其他如民俗療法、研究感應或靈異，有些算命、塔羅、占卜等媒介也打著心靈諮詢的招牌，一時之間心理醫生滿天飛，不知誰是誰非。

不過既有醫生這字眼，至少在大部分人心中，這類專業人士需要有一張國家認可的專業執照。

心理問題，得找有證照的醫師

《醫師法》中的「精神專科醫生」、《心理師法》認定的「臨床心理師」及「諮商心理師」，都與大家俗稱的「心理醫生」概念接近，這些人至少受過數年專業訓練、臨床實習，並且通過國家考試，取得合格證照。

證照，是專業的基礎。當然你也可以把學問淵博、人生資歷豐富的人視為心靈導師，甚至參加坊間動輒數萬元、所謂心靈開發與成長的課程，只要對自己的心靈有幫助，那都是個人的選擇，任何人都沒有權力置喙；但如果你的問題有些棘手，在閱讀了前面的篇章後，發現自己需要協助、症狀需要處理，就治療效果而言，我仍服膺於正統的醫療管道。

偏方絕對比不上正統醫療，這中間的道理在於機率。

「不服藥（治療），光靠○○就痊癒」，類似這樣的標題，有時會出現在臉書社團等網路群組當中，效果過分被誇大，神奇到不可思議。大多時候我都當奇聞一樁，看看就好。○○真有那麼神奇？如果你找得出不藥而癒的例子，我同樣能輕易找出許多不吃藥而掛點、機率高出數百倍（甚至更多）於你的案例。大家冷靜想想，你會是那個幸運兒嗎？真的要用寶貴的性命去試試這個機率？

至少醫學研究與科學實證，是我能真真實實、全然相信的，因為那些報告我既看得到、也預測得到。我不願把機率賭在極小的比例上，所以我不愛買樂透彩（頂多農曆過年時好玩，討個吉利），因為我知道自己絕對沒幸運到，可以坐著享受衣食無缺的生活。

罹癌時我與許多病友一樣，收到不少偏方的訊息，那是親友的好意，但我不因此放棄該有的治療。心理疾病也一樣，我所聽到關於穩定好轉的病例，絕大部分都是規則治療，在配合醫囑與自己的努力下漸漸減藥，然後痊癒。

但奇葩（或說奇蹟）之人不是沒有，也有人跟我說，多年吃助眠藥已讓他很厭倦了，於是某天他發起狠來斷然不吃，決定置之死地而後生。結果出人意表，他真的不必再靠安眠藥了，真是可喜可賀。

不過在我十五年的臨床職涯中，這樣的案例用一雙手來數還算不滿。這絕非我在唱衰病人，痊癒當然有機會，只是得循序漸進。現有的問題絕非一天造成，十年的心理問題若只花一年的時間治療，已經十分有效率、非常合算了。若要像前述病患的例子，不吃藥、不治療，就需得堅強的意志力，下定決心不逃避，同時症狀已經減輕不少，在這情況下，心理治療才能達到效果。

精神科的使用守則

在精神科中，能幫助自己的不只是精神科醫生與臨床心理師，你可能不知道，精神科其他專業人員也能提供不同的幫忙，其重要性絕不亞於醫生與心理師。

當你感受到心開始崩解，已非意志可控制、決定踏入精神科，就得好好閱讀接下來要介紹的精神科各專業別的工作內容，讓準備第一次踏進此地的你有充足的資訊與心理準備。

「你感覺到自己心情不ＯＫ至少五年了，那為什麼最近才來身心科（精神科）求助呢？」我問。

「過去我以為心悸是心臟有問題，所以跑去看心臟內科；後來覺得胸悶，就去看胸腔內科，該做的檢查都做了，卻沒有辦法解決問題。後來有一次去看中醫，沒想到醫師很直接的建議我去看精神科，我想，這會不會就是問題所在，所以才鼓起勇氣過來。」患者細細的說明自己的症狀。

許多第一次來精神科的的病人，都有類似上述的心路歷程。知名導演吳念真一向站在病患家屬的立場，不遺餘力的推廣憂鬱症防治。他曾經在宣導影片中提到：「情緒問題來時不要相信自己，要相信專業。」關心你的人帶你來看診絕非害你，將問題交給專業人員，就會有好轉的機會。

精神科的五大分工

精神科與他科不同之處，在於五大專業分工，這是一個需要團隊合作的科別，並非獨仰賴醫師的診斷與治療。來求診的患者需要被全面的關注，他的生活環境、家人、工作與求學，都是問題的一部分，除了外顯症狀外，這些種種資料都需要靠其他專業來完成。在精神科裡，各專業同仁都觸及病患的一部分世界，像瞎子摸象一般，雖然每個人只能觸及一小部分，但加總起來，便能成為完整的理解。

1. 精神科醫師

這是精神科的第一線，任何來看診的人，不管是何種需求，都須透過掛號與看診的程序進行。

每個人需求不同，有些人會說「我只想心理晤談，不想吃藥」、「我只想吃A藥、不願吃B藥」、「我不看診，簡單拿藥就好」……且慢，醫師提供的是專業判斷及醫療行為，絕非服務業，不是你說了算。精神科醫師了解所有心理疾病的診斷準則與該用的藥物，在門診時給予適合的處置。

既然稱第一線，就表示大家都得排隊，依序叫號順序看診，病患人數跟他科相比並不會少，甚至更多，時間上並不寬裕，在處理上無法完備。就像大家平時看個小感冒，也常常是等待時間比看診時間還久，精神科也不例外。

也許你會想問：「時間那麼少，那麼我滿腹的心事與故事要怎麼辦？」別擔心，這就是為什麼精神科有五大專業分工的原因，這是精神科特有、別科沒有的服務，其他專業分工正好可以彌補門診質與量的不足，留待後段詳述。

每家醫院、甚至每位醫生的負載量不盡相同，有些醫師限掛三十人，有些限掛六十人；有的醫師沒有限號，甚至可以掛到一百多人。按比例來看，門診人數愈少，每個人可分配到的時間可能愈多，但這並非絕對，**初診的病人會比複診的病人需要花更多時間**，所以當你詢問門診助理還要等多久，對方其實也「莫宰羊」。

為了增加看診效率，你需要對醫師的專業背景做些功課。精神科專科醫師目前細分出許多次專科：老人精神醫學、兒童青少年精神醫學、成癮精神醫學、睡眠精神醫學等，每家醫院的官網（或紙本醫訊）會羅列出醫師簡介、資歷，如果你家小孩要看過動問題，卻掛了一個老人專科醫師的號，那就白折騰了。

當然還有比第一線更前端的「前線」，那就是急診。有些狀況也許無法捱到門診（比方說半夜發作），例如當恐慌發病，覺得心跳快到要當機、一直聽到幻聽、快被逼瘋、快要爆炸等。大部分有急性精神科病房的醫院，在急診處都有值班的精神科醫師隨時提供二十四小時服務。

2. 護理人員

精神科的護理人員，其背景與他科並無太大不同，但在專業服務上會需要更多理解與貼心耐心。

・門診護理人員

以處理候診病人等待太久的問題為例，雖然大家理智上都知道要按順序看診，但來精神科求診的人本來狀態就較脆弱，甚至容易坐立不安，若沒有家屬陪同的話實在很辛苦；有些較害羞、害怕權威角色的病人，對於醫師的解說不甚清楚，又不敢馬上提出疑問，這時門診護理人員就能發揮輔助的功能，除了溫和解釋外，還能做些簡短的衛教工作。一般區域規模以上的醫院，在門診都備有衛教單張或手冊，可以透過門診向護理人員索取。

我認為媽媽型、阿嬤型的護理人員滿好的。許多精神科病患至少需要固定就醫半年以上，能有穩定的治療氛圍是很重要的。想想你每次來，都和一樣的護士阿姨打招呼、話家常，你知道她理解你的病況、會提供你最新的講座訊息，還會提醒你要順便預約下次回診，這種被理解的感覺至少不壞。

我曾在門診中不只一次看到，有些第一次踏入精神科的民眾，看到候診區坐滿外表有明顯病態感的病人很是不安，於是小心翼翼的靠向門診護理人員：「來這裡看病的都是什麼樣的人啊？」有經驗的護理人員會這麼回答：「就跟你一樣啊，都是心裡覺得不OK才來的。有比較嚴重的，也有沒那麼嚴重的。」我喜歡類似這樣的回答，在疾病面前大家都是平等的。

・病房護理人員

在病房部分的護理人員，其角色顯然更重要。如果你有機會看到男護士，那多半會在精神科急性病房。主要是因為急性之故，有的病人在入院之初會有傷害自己或他人的危險性，因此男性工作人員顯得必要。除此之外還配置有護佐（協助護理人員的照顧員），協助病患的生活管理與安全維護。

精神科護理人員在其中扮演的重要角色，是病房照顧與觀察。有的病人症狀需要時間來察覺，特別是非自願住院的個案，大多否認自己有攻擊他人的意圖，不認為自己有幻聽、或不相信自己有那麼糟，這些可在病房二十四小時的觀察下逐漸浮現，無所遁形。

我相當重視（甚至依賴）病房的護理紀錄，每日的吃、睡、做了什麼、說了哪些話、與誰互動，這些日常行為勾勒出護理人員對該病人的理解，絕非醫師或心理師短短幾分鐘或一小時的晤談，便可以立即呈現出來。

可惜護理人員的養成訓練，絕大部分是內、外科課程，實際業務大多是執行醫師的醫囑。在精神科病房工作，需要花更多時間適應與病患相處，尤其是病房大多為封閉式，比起內外科的開放式病房有著不同的管理問題，適應不來的，往往造成高流動率。（不過醫院普遍存在的護理荒現象，是另一個層次的問題了。）

3. 臨床心理師

在現行健保制度之下，心理師是第二線工作人員，接受精神科醫師的轉介，並與病患排定檢查或晤談的時間，對病患執行心理衡鑑（評估）或心理治療的業務。在職級上與營養師、放射師、藥師等相同，屬於醫療技術人員。

．精神科下的心理師

不論醫生安排的病患有什麼需求，隸屬精神科底下的心理師接手後，第一件事必定是做心理評估，如果沒有評估做基礎，談什麼治療？心理評估是利用各種心理測驗工具，來了解個案的問題，包括紙筆測驗與非紙筆（如行為晤談觀察），協助醫師做鑑別診斷。

患者與心理師第一次會面時，常遇到對方抱怨：「醫生只簡單問了我幾句話就開藥，根本就不夠了解我。」或者「醫生才聽我說沒幾句就急著開藥，這藥到底有沒有效？適不適合我？」等疑惑。許多醫生在門診來不及說的話（畢竟門診有時太匆促），心理師便有義務把治療的意義解釋清楚、給予基本概念，讓對方安心。

臨床心理師在第一次接觸時傾聽與討論，落實個案對整個治療的期待。比起門診，心理晤談的確有比較充足的時間，每次約四十五分鐘～一小時（兒童個案會視情況到一．五小時）。除了個別服務外，心理師也提供團體式的服務，在門診可以是各種主題（如情緒調適、壓力、各種常見心理疾病）的講座或團體課程；在病房則是協助病友辨識情緒或疾病，學習放鬆心情。

相較之下，醫生不需要認識你，只需要了解你有沒有症狀該治療就可以了，也許醫生沒時間聽你的生命故事，但基於他的專業，他絕對會對你症狀有一定的敏感度，知道糟到什麼情況需要用藥。

・會診的心理師

雖說心理師隸屬精神科，但在前面篇章皆提到身心合一的概念，其實各科都有

機會需要心理師的服務，只是現實上不見得有專屬的心理師人力，例如安寧病房、兒童病房、癌症病房，需要心理服務的地方實在太多。這怎麼辦？

住院皆有會診服務，住在A科但合併有B科問題的病患不在少數，這時你的主治醫師會開出會診單，請精神科醫師會診，精神科醫師會先評估是否需要藥物上的協助，接著視病患需要請心理師協助會診。我便到過上述所提的病房，做一些情緒支持與安撫的工作，但最重要的是讓病人了解，出院後是否要到精神科繼續治療。

・自費項目的心理師

在自費業務部分，臨床心理師則是第一線人員。許多大型醫院在心理業務方面開始有自費項目，心理師也可以如同醫師一樣在門診提供心理服務，特色是不走健保流程，所以不需花時間排隊等待，也沒有療程次數上的限制，並保有相當程度的隱私，因此這樣的服務需要另外付費。

不過目前的健保資源對於一般人而言仍算足夠，反而是在心理服務上，仍有許多人因為種種不理解而裹足不前，有時即使心理問題消失了，也不代表得到解決，它可能只是暫時隱藏、壓抑下來，並靜待下一個脆弱的時刻再次發作。接受心理診療服務，可協助你增強這方面的免疫力。

4. 社會工作師

最重要的提醒：請千萬別叫他們志工。社工是一個常被濫用的職務，最常被誤解的，就是誤以為他們包山包海、什麼都做，就算社工自己無法做到，也要竭盡所能的替他們協商溝通，爭取某些資源。對於現在吃緊的健保資源來說，醫院的社工人員更需要發現真正的需求，避免病患浪費或過度依賴社會資源。

在《社會工作師法》（早在二〇〇九年即通過）中，明定「社會工作師，指依社會工作專業知識與技術，協助個人、家庭、團體、社區，促進、發展或恢復其社會功能，謀求其福利的專業工作者」。在精神科的團隊中，社工是聯繫各資源與各方對象的重要聯繫者（病患、家屬、醫院及社區之間），**是正式且專業的工作者，絕非義務支援的志工**。

在與社會或社區資源的連結方面，社會工作師可為病患及家庭建立社會支持的系統。例如有些長期臥病的病患家庭陷入經濟困境，社工可以代為尋求政府或民間單位的社會福利、補助等，並把問題回報給各縣市社會局、衛生局等單位，以確保這樣的協助延續不中斷。

另一方面，病患及家屬對社工的需求，其實遠比大家想像的還要多。一般人大概較難見到各種問題接踵而至、雪上加霜的高風險家庭，但在醫院就有許多處理經驗了。例如父母有一方（或雙方）失業或工作不穩定、社經地位不高（無法有更穩定的收入來源）、子女智能不足或精神異常、甚至沒有能力繳交健保費用，直到就醫時才發現……。

此時就是社會工作師出馬的時候了，他們會設法為有需要的家庭爭取資源、協助申請重大傷病卡或身心障礙手冊，或在出院後協助安置至合適的照護機構。

然而，在某些情況下，社工會被誤用。有時面臨氣急敗壞的家屬，會責怪社工為何沒辦法替他申請到補助，誤以為社工是慈善事業，助人是理所當然，所以產生了過度期待，連不屬於社工的任務也寄望他們完成，這是社工最常見的為難之處。

在病患與家屬、醫療團隊方面，社工是連結三方之間、促進溝通的角色，協助家屬及病患認識與疾病有關的社會、心理問題，協助擬定出院計畫。

社工在五大專業當中，業務應算最為龐雜枝節，但各家醫院給予社工人力編制常常吃緊。精神科社工原則上也和心理、職能一樣，接受精神科醫師的轉介服務，算是第二線人員，但在某些醫院編制下，精神科社工與醫院社工常常混用，第一、第二線的工作也就像大鍋菜一樣分不清了。諸如針對兒少、家暴、性侵等須立即處理的個案（像是兒童青少年家暴個案，須在二十四小時內完成通報、四日內完成報告，甚至包括政府外包給醫院的委託業務等），加上原本精神科門診、病房的業務都要兼顧時，社工得像八爪章魚才能勉強忙得過來。

提醒大家，請務必珍惜社工所提供的服務，服務熱忱不等於免費，更不等於壓榨，這樣才能保有社工的專業尊嚴。

5. 職能治療師

精神科病人要被治癒，需要長期的追蹤與復健。實際上，他們最終需要的也不是「痊癒」，而是能重新回到社會，與一般人一樣擁有一份工作，習得自我謀生、照顧自己的能力。

不說痊癒，是因為許多心理疾病是長期的，跟高血壓等慢性病一樣，需要穩定的控制。許多人所期待的「好起來」，指的不僅僅是不再吃藥、不再生病，而是可以恢復到「像以前一樣」，甚至更好的水準，這樣的要求當然不合理。別說這些年來身心的耗損，你早已不是原來的你，再加上歲月這把殺豬刀，我們如何能貪圖要比「以前沒生病的自己」更好？

所以，**職能治療這個部分，就是協助病患建立現實感**、幫助住院病患不與社會脫節。醫療與護理僅限於醫院之內，如何將治療工作延伸到醫院之外、讓病患過正常的生活，就是職能的主要任務。包含增進身心功能、培養社會技巧與功能、激發潛能並維護健康。

．門診的職能治療師

在門診的職能治療師與心理、社工一樣，都由醫師的轉介來提供服務。如果醫師需要評估病患的職業功能，就會由職能治療師出面評估其興趣、專長、實際工作態度與能力。與臨床心理師一樣，職能治療師也會藉由一些特定的測驗工具客觀衡量，並擬出治療計畫或工作建議。

職能治療師常用的評量工具簡稱「褚氏三項」。第一項為褚氏日常生活功能評估量表，主要評估個案在日常生活上失能的程度；第二個是褚氏注意力，評估其注意力速度、辨識力及注意力集中度；第三個是褚氏手功能測驗，可評估其手指靈巧度，手臂穩定度、手眼協調性及肢體空間活動度。

‧急性病房中的職能治療師

急性病房中的職能治療師，則會提供許多治療性的活動課程，例如團康、衛教、會心（即會心團體，在於密集的團體聚會中，創造安全的團體氣氛，使成員放下防衛與不安，坦誠表達自己內在的感受）、手工藝團體等活動，讓病患在住院期間依舊能維持活力，有機會與他人互動，並藉由休閒活動來舒緩症狀。

以我服務的急性病房為例，每日提供許多活動開放病友參加，如唱歌、柔軟操、下棋、打牌、手工藝製作等，這與其他病房多躺床的情況很不同。心理疾病常會腐蝕人的活力，造成病人退縮、反應遲緩，因此，他們需要的是重拾活力，而非躺著休息。許多看似很基本的生活表現，在生病之後卻變得很困難，職能正是要提醒我們本該有的能力，重拾人的尊嚴。

．慢性病房的職能治療師

慢性病房或療養機構的職能治療師，會針對病況較為穩定、但仍需要在治療上監督的個案，繼續強化他們的生活能力。例如加入產業治療，透過生產性活動，訓練病友的工作技巧與持續度，並培養正確的工作態度及責任感，以作為就業前之準備。另外還有就業諮詢，當病友準備進入職場時，依個人狀況提供工作諮詢；一些持有身心障礙手冊的病友，更可透過職能轉介，到庇護性的工作場域，在安全、輔導的環境下工作。

職能治療師是個動態感十足的工作，同時也須具備十八般武藝，甚至帶入自己拿手、感興趣的活動，鼓勵病友參加。我所認識的職能治療師，有的對烹飪有興趣，曾帶領病友製作手工餅乾，在醫院大廳義賣，並藉此訓練病人的應對能力；有的職能師則對手工皂、串珠得有興趣，而這些課堂上的成品，多半也成為年度義賣的商品。

我仍想再次強調，職能訓練對生活固然重要，但靠著自己付出努力、逐漸進步也很重要，無須過度期望自己能回到尚未生病前的樣子，經過疾病淬鍊的你不一定比以前差。

穩定，在精神醫療當中就是痊癒

當病患狀況穩定、已可出院回家休養時，為了他的生活規畫，首先醫師與護理人員需先確認其狀況，接著要了解他目前具備多少工作能力。除了職能評估外，也常需要心理師的認知評估，了解病患的理解力與記憶反應能力，這時職能與心理兩個專業必須互相合作搭配。

接著，要替他尋求工作機會。持有身心障礙手冊的病友在充分被理解、體諒的情況下，也能有穩定的表現，但這在一般現實的職場上環境卻有困難。職能與社工都掌握了關於友善職場、庇護性工作的資源，能夠持續在醫療場所以外的社區，繼續為病患服務，而這又屬於職能師與社工師的合作領域。

以上這五大分工，都是具有該領域的專業知識，有些是該專業獨特的項目，有些則與其他專業有所重疊，端看每個個案所需的層面，既可獨立分工，又需互相支援配合，是相當緊密的戰友。

3 相信專業，更可尋求第二意見

精神科可以給你的，比你想像的還要多。換句話說，只要願意相信專業，你就能得到更多資源。

如果拘泥在必須服藥的印象裡，你當然容易裹足不前，在了解前文介紹的五大專業後，相信大家已了解精神科服務範圍的全面，不僅照顧個人、還擴及家人；不光在門診與住院時提供服務，還可以一路服務到社區、家裡。

值得注意的是，心理師不執行藥物治療的工作，而是使用非藥物治療的方式，幫助個案生活得更好。許多長期性的心理疾病並非一定得吃藥不可，例如舊稱亞斯伯格症，如今為自閉症類群障礙症較輕微的第一級，僅需給予社交上的支援除了另有嚴重的情緒困擾（例如智能不足、人格疾患〔造成生活功能障礙〕等），這些個案需要的不是藥物，而是在長期的醫療協助下，得到非藥物的幫忙。

申請身心障礙手冊，好處你會知道

持有身心障礙手冊（由醫療機構辦理，但手冊非永久性，期限從一～五年不等的，視嚴重程度而定，如註明「無須重新鑑定」字樣者，則永久有效）的病友，需要不定期的來門診。我常在門診遇到就學中的孩子被父母帶來評估，他們需要國家的特教資源幫忙，進入學校的資源班或特教班，給予感覺統合、學習能力或社會技巧的訓練，如果沒有精神科協助辦理障礙手冊，這些家庭想必會很辛苦。

有時我也會遇上某些成年個案，從小到大家人都不知有身心障礙手冊的資源可用，等到求職四處碰壁時，才發現當事人根本患有智能障礙，錯過了就學期間訓練與培養能力的黃金時期。現在的他已經漸邁入中年，如果沒有至精神科求助（至少可以為他申請庇護性機構），那麼他老年時該怎麼辦？

許多人仍有就醫障礙，所以拖拖拉拉、蹉跎了好多年，其中最大的心理障礙莫過於怕被人「貼標籤」，尤其是被權威者（如師長、主管等）貼上的標籤，更難以撕去。許多人對於醫院，甚至醫師懷有對權威者的恐懼，加上原本就脆弱不堪的自我感，光是面對他們、接受自己「被宣判有病」都很困難，遑論接下來種種治療的過程了。

就像有些鐵齒型不做健康檢查的人，其理由會是「不看沒事，一檢查統統都有事。」但，真的是沒事嗎？這些人不會感激醫生把毛病統統揪出來，反而怪罪醫生為他「製造」了那麼多問題。

找醫師就像談戀愛，緣分很重要

我多少能體會，在被說出自己罹患某某癌第幾期時有多不想面對，但，別擔心，這是屬於心的治療，你的心不舒坦、放不下，便很難說服自己接受治療。這時，我鼓勵你可以參考第二醫囑，也就是聽聽第二位專家的意見。

看醫生其實就跟談戀愛一樣，但憑緣分。媒人婆介紹秀外慧中的女子，可能你怎麼看都不順眼；號稱老實可靠的男人，在你眼裡可能也只是憨呆。如同前文建議過的一樣，當你決定就診後，請先上網做點功課，除了從醫師的專業資歷判斷外，也可參考下列幾個我個人的小小心得。

名醫不一定佳，主任級醫師不一定優（只是官階比較高），心理師亦同，這是需要傾聽與耐心的職業，你的問題需要被重視、理解，因此當你無法對醫療人員產生信任感時，多找位醫師談談（尋求第二意見）又何妨？

許多精神科的病友，皆有求助過不只一位醫師的經驗。原因很多，除了主觀感受之外，也包括門診時間配合不上，或者發現另一名醫師的專長更符合需要、處方藥較有效等。這是有經驗病友們的共同心得，最要不得的便是明知對方不合適，卻「不好意思」換醫師，不願招致愧疚或罪惡感。

如果是這種感受，正反映了你的問題所在：**過度在意不必在意的人，讓自己陷入痛苦**。人一輩子的戀愛對象都不只一位了，為什麼就醫不能多多益善？這與戀愛一樣，都需要用心陪伴。

心理問題起伏不定，為難的地方在於連自己的主訴都不一定可信。上述章節我已經提過，我們的感覺有時連自己都騙了，而醫生需要在第一次會談時就做出診斷，明知主訴不一定可信的情況下又只能相信（因為每次都是單獨來，沒有其他人陪伴），例如病人告訴他，自己遭到職場霸凌、受同事排擠、在背後說自己壞話，每天心情都好糟、睡不好……，這種主訴的弦外之音很多，有可能是外在人際問題造成的壓力，也有可能是自己想法上的扭曲與放大，更糟的是也可能來已經開始發酵的妄想情節。至於是哪一種，則要病人當時釋出多少線索，醫生能看出多少端倪而定。

要做出更精準的判斷需要經驗，所以，尋求其他醫生的意見是為了自己，你得給治療足夠的機會，讓自己的問題一次比一次更清楚。

第二意見≠Doctor Shopping

但請別過度解釋我的意思，我想說的是，當你對求助的第一個醫生診斷有疑惑時，不妨尋求第二醫囑、聽聽第二位醫生的意見，不代表你要尋求到第五、第八、第十個醫囑，那真的太過頭了。這樣的行為可稱做「Doctor Shopping」，已經過度就醫到令人髮指的程度了。

這樣的人也不是沒有，有的是出自於不單純的就醫動機：純粹只想圖個保險、藉由不斷換醫生來符合自己的利益。或是另一種建立在焦慮基礎上的病人：想聽到「自己想要的答案」，所以不斷換醫生。上述這些狀況，說穿了只是你還沒準備好要看精神科，所以產生種種排斥。

雖然現行的健保制度不盡然完備，但在我個人工作經驗中，仍感受到不少好處。尤其現在比過去更重視醫病關係，網路上都可以查得到關於藥物或症狀的知識，你擁有更多的資訊，並非完全仰賴醫師的片面之詞。而在接受這些資訊時，你也會產生更多想請益的問題，能與醫生互相討論，而非任其擺布，這正是現代社會需要具備的就醫態度。

各位一定要比醫生更在乎自己身體，而不是把病況交代給醫生後就不必負責。更別忘了除了第一線的醫師外，精神科更有其他專業分工同時也在協助你，就診這條路並不孤單。

Part4

找個與你療心的人

1 誰是療心的好對象？

人們為什麼需要心理晤談？為什麼需要與心理師談？

因為許多問題無法與家人談。

因為這個旁觀者有雙銳利的眼睛。

因為問題需要被整理，被釐清，產生更多的了解來找出因應的方法，而你該做的努力都做了。

家人不是漠不關心，就是不知怎麼關心

對許多人來說，個人有許多狀況家人不一定了解，就算了解也不一定幫得上忙。如果把家人分為關心和不關心病人兩種，不關心的家人，不論當事人發生什麼事都幫不上忙，也許是距離或關係太疏遠，也有的是家人自身的問題，與其說他不

關心病人，不如說他更在乎自己。

至於屬於關心的家人，其中又以「不知道該怎麼關心」居大宗。有關藥物、疾病等細項，連上網路就可輕易蒐集資訊，但生病的感覺呢？若不是當事人，該如何體會？身為臨床前線，我常以為聽了這麼多的故事，大概可以理解幾分病人的痛苦，殊不知病人的各種感受，都是由許多獨特的經驗累積起來的。有時我實在慶幸，這樣的人生並非我自身遭遇，而是他人的故事，但若換作是我，我會怎麼辦？

如果無法體會，我會試著同理，想像身處對方立場的狀態，但身為他的家人卻未必做得到。因為家人有屬於家人的情緒與期待，少了理解，便很難給予協助，所以心理師的治療才顯得重要。

家人與病人該怎麼互動，怎麼因應彼此的情緒？這是一個兩難的過程。一旦太遷就其中一方，就苦了自己。

・嗜酒如命的阿嬌

酒國阿嬌是個有嚴重情緒困擾及重度酒癮的病人，她酗酒後的不良紀錄，就是多次反覆住院，更欠下了一屁股由家人代為償還的債務。當然單方面指責她並不公平，畢竟她酗酒的原因也包括與家人相處的壓力。

而這些她闖下的禍，家人統統算在喝酒這件事上，因為愛恨情仇這些事太盤根錯節，根本處理不來，最有效率的方式就是把問題簡單化，集中火力來「消滅」個案酗酒這件事。於是，這兩年來阿嬌的家人想盡辦法不准她喝酒，以為只要不碰酒，就不會有壞事發生。

「我媽很不放心我，每天我一大早醒來她就碎碎念，起床要穿多一點、要多喝水，什麼都能講、什麼都能講好幾遍。我真的火大，就跟她說，拜託妳說一次就好。然後我出門散步她要跟、買東西她要跟，去樓下抽根菸她也不放心，就怕我偷偷去買酒。」

「他們把我的證件統統拿走了，藥也不讓我自己吃，每餐後的藥都在他們的『監視』下拿給我吃的，就怕我偷喝酒。」

「妳知道他們怕我偷喝酒怕到什麼程度嗎？每天出門一下子我媽都要搜身，看我身上有沒有藏零錢，妳看看，我被控制到什麼程度！」

「關心？我當然知道是關心，但我也很氣，如果她再這樣管我，我真想放一把火，乾淨了事！」阿嬌愈說愈火大，還好也只是氣話。

幾次心理治療過後，阿嬌儘管憤恨難當，但**每次前來都是在勇於面對自己**，晤談內容也從純粹的抱怨，逐漸轉變為問題解決；她的家人感受到這份決心，亦不再每次緊迫盯人。我同時也希望她給家人行為保證，隨著她外出後不帶酒氣回家的頻率漸增，家人給她的自由活動時間也愈來愈多，可說是接受心理治療後的最大好處。

心情寫真

我並不是在否定家人的角色，但能同理病人的心情的家屬真的是千金難買。想想我自己既是臨床工作者，也是病患家屬，當家人不願意好好吃藥、急性精神症狀發作、出現擾亂行為、長輩傷心難過無計可施時，我同樣也無法同理他的心情，只希望趕快將他送去住院，以減少其他家人的負擔。當時剛好在農曆年前夕，我甚至希望他可以年後再出院，讓我們好好放個年假。

當我是客觀的助人工作者時，能夠與個案一起工作，但**當與家人角色重疊時，我亦無法維持專業**（臨床心理師的職業倫理之一，就是臨床心理師須與個案保持專業關係，當多重角色影響專業判斷的客觀性時，須避免或中止治療關係），這說明了個人的問題，無法希冀家人能了解體諒，甚至受過訓練的人都沒有辦法做到。

每個人都有屬於自己該獨自面對的世界。你的苦，大多無法說給家人聽；你的不舒服，沒生過病的家屬不能體會，偏偏一旦說出來，家人反而會倒更多的苦給你，說些「我這是為你好」、「我的壓力比你還大，為什麼我就不會生病」之類的風涼話，與其這樣，何不尋求專業的心理治療呢？

職業聽話人——心理治療師

心理治療師是職業聽話人，我們受過「聽話」與「說話」的訓練，知道如何從隻字片語裡聽出你已經察覺、甚至還沒察覺的問題。就算你什麼都不說，也已透露出「什麼都不說」的線索，而有些事情不必言語也能分辨。

心理晤談沒有水晶球、沒有塔羅，也不依賴香氛與按摩，這不是光靠著聰慧與直覺便能勝任的工作，而是累積許多心理學知識，受惠於前人貢獻的心理研究成果，並且在實習經驗中印證或調整所學，應用在個案身上，一種與當事人並肩作戰的助人工作。心理師可以和你站在一起，思考可能的盲點：並非你不夠努力，而是你的努力往往把你帶往錯誤的方向。

例如憂鬱，曾經歷憂鬱症狀的人，即使完全復原，也會有至少一半的人再次復發，兩次、三次之後，再復發的機率就攀升到八〇～九〇％（出自《是情緒糟，不是你很糟》，心靈工坊，二〇一〇年）。這是為什麼？絕非當事人不夠積極，相反的，你可能太認真面對、太想理性解決問題，使得大腦中的情緒、想法、身體之間的連結愈來愈強，使得這樣的習慣固定化，進而忽略掉你以為不重要的部分，以致於不好的情緒一再被誘發。

心理師和你一起面對的，絕對不僅是你口述的那些問題，在這背後的盲點才是心理師要與你討論的重點，如何避免陷入情緒的流沙，正是屬於心理學的專業。

並非人人都適合心理治療

心理治療主要提供個案一份安全、信賴的治療關係，平衡自己失衡的情緒，重新調整偏差的認知模式，減少不當的行為習慣，達到生活上的最大功能。讓想工作的人能不倦勤、想讀書的能專心向學，不再被關係綑綁，有能力追求想要的生活。

但並非所有至精神科求診者都適合心理治療。前文提過，不論病患的問題為何，與心理師第一次見面時皆得接受心理評估，目的在於釐清個案期待、了解對方是否有此需要、是否有接受心理治療的能力。一般來說，必須符合以下兩個條件：

1. 要有能接受心理治療的能力

病患必須能清楚表達自己的問題與需要，理解能力亦沒有問題，才算是有心理晤談的能力。如果患者的日常作息仍舊受到症狀干擾，門診時醫師已經開藥，那麼需先規則服藥一段時間之後，經過醫生評估病況穩定，再做心理治療才有效果。

藥物治療並非萬能，卻能夠在短時間達到至少三〇～五〇%的效果（例如對失眠的幫助），等不舒服的情況緩解下來，再開始談論自己的問題，這是個最有效率的辦法，否則心理師忙著安撫你紛亂的情緒，根本無法協助你進一步改善問題。

這就是為什麼在健保體制下，任何的服務都需要透過門診轉介，這是個把關的動作，力求能將有限的資源運用在最適合的人身上。心理師多會採取較實用的治療模式，即目標清楚、步驟式的教導，並提供具實用性的學習方案，例如要怎樣交朋友、規律的作息對自己的重要性等，讓個案有清楚的脈絡可依循。

．不適合心理晤談的對象

我常遇到在住院期間即不斷要求要做心理晤談的病患，說自己的問題不需要吃藥、吃藥沒效，那麼出院之後呢？他們當然不會回診，因為覺得自己沒病了，有時家屬亦在旁邊幫腔：「他不想吃藥，就不給他吃了。」如此不配合醫療流程，這樣的人即使接受了心理治療，能得到的幫助也不會太多。

我曾在門診時遇到第一次評估的病人，明明是很安靜的測驗室，他卻因為受到幻聽干擾，不斷抱怨施測時環境吵雜有雜音，這樣的病人也不適合心理治療。

心理治療上有個「病識感」（insight）的專有名詞，指的是病人了解自己生病的事實、知道自己出現什麼病徵，並了解治療對自己有幫助且願意接受幫助。缺乏病識感的人，將欠缺上述的部分理解，甚至完全無感。有些人擁有部分病識感，知道自己不對勁，但對疾病的解讀與醫療專業不一致；或者知道自己生病了，但沒有想要努力好起來的意思，而是一味地認為自己的問題都是別人造成的，只要別人改、外在環境配合他改變，那麼他就會好起來……可以預期這類病患就算來晤談，也只會抱怨個沒完，從沒想過自己才是需要改變的人。

總而言之，**病識感不完全的人，不適合接受心理治療**，即使做了治療，效果也有限，徒增一個「心理治療沒效」的壞印象。

還有一種狀況會使病患缺乏晤談能力，那就是智力。一個認知能力落在智能障礙範圍的人，無法理解「自我形象」、「人際調適」這些拗口名詞，這要心理師怎麼開始呢？因此心裡晤談的最基本要求，在於接受治療者必須有一定的靈敏度與自覺、有探索自我的能力，心理師才能使用相關技巧幫助他。

這麼說來，心理晤談（治療）似乎只適合口才好、表達清楚的個案？難道智能不足的人不能接受治療？現今助人的技巧繁多，當然不限於診療室內一對一的談話，與其說智能障礙的人需要心理治療，不如說他們更需要生活能力的全盤建立，學會獨立與照顧自己，他會需要心理、社工、職能三方的共同協助，而不僅僅偏向心理師。

2. 要有想做心理治療的意願

有能力做心理晤談、或需要做心理晤談的人，其實不一定想和心理師接觸。若換成向好友、老師、教友、牧師傾訴，他們的意願反而更高。

當心理師開始接案，欲和個案展開治療計畫時，依我個人經驗，這過程中會漸漸出現四到五成的流失率，其理由多為「工作太忙無法配合」、「我覺得晤談的幫助不大」、「已經有好一些，所以不需要了」等。

先排除一些外在因素，有些人的確很想來談，但現行健保體制下，只有白天上班時間有門診，晚上的自費時段他又付不起。曾有位白天需要到不同工地的水泥師傅，與我談了幾個月之後（兩週一次，每次一小時）無以為繼，因為他的工頭不准他請假。一年後，他又透過醫生重新排入心理治療，他與家人的關係已有些進步，談了幾次，又因工作中斷，半年後又再次轉回來……。

心理師當然會盡量配合對方時間，如果不是要求假日或晚上加班，我們絕對願意幫忙這些積極的「模範病人」，就算只有陪伴與傾聽，也可預料他會有明顯的不同。畢竟「想要改變」，就是成功的第一步。

有趣的是，前幾日我遇到一位初次會談的病人，他一進診療室就有些氣呼呼地告訴我，剛剛因為雇主不給他請假，乾脆把老闆開除了，反正這個工作也才做一個多月。細問之下，原來他陸陸續續就醫幾年，卻不知可以透過精障管道尋求就業機會，總是用最土法煉鋼的方式，翻開報紙找些短暫聘雇的工作。我與這位病患的主治醫師討論後，將他轉介給職能與社工，希望能提供合適的職訓機會，或者庇護性、友善的工作。換句話說，儘管前來晤談害他工作不保，也總算有些收穫。

職場不那麼友善，學校不一定體諒，診療室裡則絕對具備友善與體諒，只要你有意願，我們就會想辦法幫你，前提是你得先願意敞開心胸。過去我曾訪談精神科醫生劉宜釗，她告訴我，曾想費心為個案安排更多，但個案卻還沒準備好接受，只能在下一次提醒自己「佛渡有緣人」的真諦。

那些認為「工作／課業比較重要，怎能請假」的想法，就更顯得彆腳了，其實背後是，還沒想把心理問題擺在第一位、還沒意識到心理狀況是要優先處理的問題。這些打從心裡不願意來，人來心不來、不願侃侃而談的個案，也屬於「無法接受心理治療」一類。

溫暖與接納，讓患者感覺被理解

接受心理治療的人，並不會因為接受一連串心理晤談而「痊癒」。心理治療的目的在於培養一個人解決問題的能力，並在問題再度來臨前把自己準備好。它不是萬靈丹，結果常常不完美，卻無損於本身的價值。

絕大部分的心理治療學派都有共通點，那就是「溫暖」與「接納」。雖然當事人治療後可能還是感覺變化不大，但仍能明顯感覺比沒有談過好，因為有機會做情緒的釋放，有機會吐吐苦水，有機會審視自己的疾病與情緒。

這年頭願意傾聽的人實在太少，許多人忙著說話，朋友對朋友、父母對小孩、主管對部屬；對於有心理疾病的人而言，願意傾聽自己說話的人又更少了。當個案想說話時常會被排斥或冷漠對待：「你又在胡思亂想了」、「多運動就會好」、「這是你自己的問題，要靠自己解決」，甚至是「不要再裝病了」這種傷人的話。

一位女性病患曾無奈地告訴我，先生對她說：「妳有憂鬱症？妳這樣也叫有病的話，我不早就該進醫院了？」但心理的疾病不會寫在臉上、身上，願意用心理解的人才看得見。

臨床心理師是醫院裡的職業聽話人，除了病患最需要的傾聽之外，還有更多的專業技巧可以協助，雖然精神科的效率可能是全醫院最差的（療程極為漫長），但只要你在午後、在深夜，某個沉思的時刻，想起心理師提醒的某些話語，心中有一絲絲覺察與思考，那麼心理治療就不算白費。

2 說不出口的心內話，要找誰談？

心理醫師是一個專門傾聽、協助當事人看問題、找出解決方法的工作。在國外先進國家，民眾幾乎都以「我有自己的心理醫師為榮」。

然而，有些好萊塢電影，常把心理醫師詮釋為亂七八糟的角色，性格多為自以為是、專至武斷，甚至為了凸顯戲劇性，而把心理醫師塑造成極致的變態（如電影《沉默的羔羊》裡的漢尼拔醫生），或是「自己心裡也有問題的心理醫師」；再不然就是貌美、陪襯性質居多的心理醫師（如臺劇《麻醉風暴》）等。但也有些電影願意不搞笑、不醜化的，將醫師的內涵層次表現出來，例如電影《心靈點滴》裡羅賓・威廉斯飾演的角色，就有較為豐富立體的表現。

所幸現在以取笑心理醫師為樂的戲碼已愈來愈少見，也許是這個世界已經嚴重到心理問題無處不在，大家須更嚴肅以對的來看這個職業。

最值得信任的陌生人

你可以不知道心理治療在做些什麼（以下我會稍加解釋，替各位解開神祕面紗），只要想來、願意來，就一定能夠得到幫助。在我看來，治療關係既像跳雙人舞，又像是運動員與教練，心理師最多只是伴舞陪舞，或者在旁邊喊加油，真正的主角還是在個案本身，隨著療程演進，心理師會漸漸退居一旁，讓個案單跳屬於自己的獨舞。

心理師總是試著找出個案自己的力量，並讓它發揮出來，儘管尋找的過程相當辛苦，不過願意和我們一起努力的個案，其實早已準備好了。許多病患都會對心理師透露心中的祕密，有些甚至連父母手足都不知道。他們說「這些事就算說了家人也不會懂」、「家人也有自己的問題，不想讓家人擔心」、「家人？我早就沒有家了，靠自己比較實在」。

許多無法對家人說的苦楚，在這裡可以毫無顧忌，不受道德批判。諸如無法出櫃的同志、對孩子施暴的母親、感情中無奈的第三者、總有藉口的強暴犯等。

患者不缺批評，卻缺乏被傾聽

世界上有許多人用各種方式活著，沒有一套可依循的標準。心理師不是道德魔人，這個職稱能夠被信任，絕不是要拿著「應該」的框框套住個案：你應該怎麼做，不應該怎麼做。這些人來到這裡，不需要多一個人指責他，病患不缺另一張批評的嘴巴，如果能有更多耳朵願意傾聽他的故事，他又何須憋在心裡憋出病？

曾有一位學生告訴我，她不想跟家人訴苦，也不願進學校的輔導室，不是老師不好，老師很關心她，但又太緊迫盯人了。而且一進輔導室，同學會看到，所以她寧願請病假到醫院，跟我固定會談。對她而言，向學校請假不麻煩、轉車不要緊，只要能離開她日常熟悉的脈絡、擺脫那些糾結，來到一個可以重新開始的地方，她都覺得值得。

只對進入診療室的你負責

心理師秉持職業倫理與守則與個案一起工作，我們只對個案負責，那些要求我們「去跟我先生講、叫他改過自新」、「只要我爸媽不再這樣對我，我就會好起來」的說詞，實在恕難從命。我們不會處理你以外的人，在這裡仍會試著將選擇權與發球權放到你身上，心理師無法對不在診療室裡的人負責，除非他也願意進到診間裡頭。

心理師也是普通人，偶爾也會有無法接案的時候，無法服務的個案，例如遇到戀童癖、或心理師本身剛經歷喪母之痛，卻要接收喪親的個案等（雙方經歷相似，容易影響客觀立場）。這時，心理師會有自己的督導者，他將協助我們，針對自己生活層面影響到專業的狀況自我省視，先把自己顧好，再來服務個案。

由於患者對心理師有十足的信任，各位在書中讀到的案例故事，其中的資料都已經過變造與修飾（但個案內心的掙扎與成長過程都是真的），期待大家在故事裡看見自己曾經掙扎過的身影時，也能再次體認到改變沒有想像中的難。

心理師養成：醫事類別中的最高門檻

「心靈導師性侵五名女弟子被起訴」——這是二〇一六年三月時的新聞標題。看到媒體不時刊登民眾陷於心靈導師陷阱、被詐財騙色的報導時，我總感慨心靈招牌之好用，以致於真假難辨、遭人誤用，正牌心理治療工作者的真實面貌、養成過程反而模糊不清。心理師的養成期很長，這張證照是所有醫事類別證照當中，學歷門檻最高的一張。

1. 取得應考資格——碩士以上學歷

根據《心理師法》第二條關於應考資格的規定：「公立或立案之私立大學、獨立學院或符合教育部採認規定之國外大學、獨立學院臨床（諮商）心理所、系、組或相關心理研究所主修臨床（諮商）心理，並經實習至少一年成績及格，得有碩士以上學位者，得應臨床（諮商）心理師考試」（臨床心理師與諮商心理師各有不同的養成、執照及專業，詳見第一七一頁圖表）。從條文可以看出，僅是要取得應考資格，就需要有碩士學歷，且修習臨床心理規定的若干學分，並在醫療院所實習一年取得實習證明，方能應考，其嚴格程度更甚醫師考試。

據我了解，應考超過一次才取得證照者大有人在，有同業朋友甚至考了五次才通過，說明了拿照的不易。當然也有人會質疑：學歷真的這麼重要嗎？這話既對，也不對。如果沒有足夠多的專業知識，你怎麼服務個案？如果沒有足夠多的生命經歷，如何取得個案的信任？但若將心理師證照報考資格下修，例如大學畢業即可應考，那麼一位大學畢業的心理師，跟擁有研究所學歷的心理師，你會選擇哪一位？

2. 醫院兩年期間的一般醫學訓練

一個受過基礎訓練的心理師，等到能完全執業大概已屆二十六、二十七歲，這還沒完，進入醫療院所後，還有個「畢業後一般醫學訓練計畫」（簡稱ＰＧＹ），教學醫院要求新進臨床心理師，需完成兩年的訓練計畫，才算是一個有完整專業、有教學能力、也有跨領域合作能力的心理師。畢竟這個行業太有機會與其他科別接觸了，所有的醫療問題都與心理相關。

臨床與諮商心理師的不同之處

層面	臨床心理師	諮商心理師
歷史前身	一直與心理學有密切關係，屬於心理科學的應用	由職業於生涯輔導轉型而來，與教育有密切關係
所屬學院	主要為理學院或醫學院	主要為教育學院、人文學院、社會科學院等
大學入學類組	第三類組	第一類組
從業人員層級	美國只培養博士及臨床心理師	美國有博士級心理師與碩士級諮商員、心理助理三種
可考照 認證班級數	臺灣有 15 個，美國有 239 個 （不含併組型）	臺灣有 28 個，美國有 71 個 （不含併組型）
主要理論基礎	心理病理的心理社會環境理論	正常人類的生命發展理論
主要顧客對向	嚴重心理、大腦功能異常者	一般正常無重大疾病者
治療取向	長期	短期
主要專業能力	心智疾病診斷、高級測驗衡鑑、 心理治療	心理諮商、二級測驗評量
學校課程	臨床心理與諮商科系的不同之處，在於多了下列課程：生理心理學、神經心理學、心理病理學、精神藥物學、心理衡鑑、健康心理學，有的學校還會安排解剖學	—
執照考試科目	1. 一般心理狀態與功能之心理衡鑑 2. 精神病或腦部心智功能之心理衡鑑 3. 心理發展偏差與障礙之心理諮商與心理治療 4. 認知、情緒或行為偏差與障礙之心理諮商與心理治療 5. 社會適應偏差與障礙之心理諮商與心理治療 6. 精神官能症之心理諮商與心理治療 7. 精神病或腦部心智功能之心理治療 8. 其他經中央主管機關認可之臨床心理業務	1. 一般心理狀態與功能之心理衡鑑 2. 心理發展偏差與障礙之心理諮商與心理治療 3. 認知、情緒或行為偏差與障礙之心理諮商與心理治療 4. 社會適應偏差與障礙之心理諮商與心理治療 5. 精神官能症之心理諮商與心理治療 6. 其他經中央主管機關認可之臨床心理業務
主要工作場域	醫院各科、社區心理健康診所、監獄、法院	學校學生輔導中心、社區生涯輔導中心
主要實習場域	同工作場域（美國也是如此）	同工作場域（美國也是如此，雖然執照考試只有一種，但因專長不同，所以少有人能進醫院實習或工作）
首次公職考試	1986年	2015年
有照：執登人力	1,374：1,082（78.75%）	2,818：1,848（64.51%）

資料來源：中華民國臨床心理師全國聯合會（2015年4月）

完成PGY、符合臨床教師資格的心理師，大約已三十歲，但不論幾歲，總會有人質疑你的生命歷練不夠完整，這在所有職業中亦然。「我不要給實習醫生看，我要找『有經驗』的醫師」，大家應該都曾有過這樣的質疑吧？有個朋友告訴我，她很怕打針，某次至診所打針時，她不願意讓旁邊的年輕護士施打，便要求看診的老醫師幫忙捉刀，理由無他，單純覺得年紀大的比較有經驗。我笑著罵她錯了，護士一般都比醫師還會打針。醫師的身手，怎可能比每天在第一線操作針頭的護理人員還要熟練？我們該學著相信專業，但不要迷信專業。

3. 吸收生命歷練，持續進修

若你是初出茅廬、沒有足夠的生命歷練的心理師，該如何取得個案信任？年輕的心理師常會面臨「你還沒有小孩，怎麼了解照顧孩子的辛苦？」、「你結過婚嗎？你談過幾次戀愛？」的質疑，與其說是對心理師的挑戰，不如說是個案本身走不出去的困境，擔心沒人幫得了他，因此無法相信任何人。

這時我們仍會試著邀請對方，既然都踏入診療室，就表示你仍有想為自己做點什麼的決心，何不就給自己一個機會，試著談看看呢？

這麼一大串拉拉雜雜的說明，無非是要讓大家了解，真正經過考驗的心理治療師，養成過程極其漫長。成為心理師之後，也需要不斷地進修，心理師與其他醫事人員一樣，執照的有效期限是六年，這六年當中需修習一百二十小時以上的繼續教育學分，執照才能展延。

這麼多層層考驗下的專業訓練，可以建立基本的心理師素質，避免良莠不齊。所以，你可以很放心的求助任何一位臨床心理師，當小孩要做智力測驗、老人家想鑑定失智的程度，想知道自己生的是哪一類心理疾病時，至少在分數認定上是有共識的，結果也大致不差。但當你去求助占卜、水晶、塔羅、星座時，各家各派的說法絕對會讓你眼花撩亂，你有可能得到截然不同的答案，甚至不知道該相信誰。

臺灣執業的臨床心理師有多少人？

根據臨床心理師公會全國聯合會的最新統計，二〇一六年核發的臨床心理師證照，累計有一千六百零四張以上，實際執業的人數為一千兩百四十三人。這樣的人數看似不少，但若就各醫療職別來看，每萬名人口中從事護理職者，尚有六一．三名，但每萬人的臨床心理師人數，僅有〇．四六名，光是照顧來就醫的民眾尚且不足，更別說要深入社區幫助未就醫的患者了。

目前心理服務的需求仍在起步階段，尚未出現資源不夠用的情況，許多人連心理師這個職稱、服務內容都不清楚，遑論使用相關資源了，所以目前心理師需要在醫療院所以外的地方更具行動力，將心理健康的重要性推展出去。

心理師不只在精神科

除了傳統的精神科之外，其他科別如復健科、神經科、家醫科、小兒科、早期療育等醫療系統都有心理師服務的影子（有的醫院在其他科別，甚至配置專屬的心理師），如果加上內外科會診，那心理需求真是無所不在了。踏出了醫院範圍，臨床心理師也和各級學校的諮商輔導室合作，服務校園師生；並出現在公家機關和企業界員工協助方案、災後輔導，就連監獄和戒治所等地，也能看到心理師的身影。

以我自己的經驗而言，除了在各級學校講授關於人際相處、霸凌、親子互動議題，我也曾在社區鄰里參與心靈衛教講座，服務的醫院也與政府公部門合作，推動包括性侵害防治、家暴、自殺關懷、成癮戒治等各種業務，這些，都不限於在診療室一隅、關起門來服務而已，心理師的工作場域遍及各地。

3 關於心理師，你一定想知道……

我剛入行時，很常有周遭親友對我說：「你一定知道我現在在想什麼。」還帶著「你一定什麼都懂」的神祕眼神，我想利用這個機會澄清。抱歉，我不是算命仙、也不是別人肚裡的蛔蟲，除非你願意告訴我，不然我不見得知道你在想什麼。

工作時當然得展現專業，但若要我們時時刻刻繃緊神經分析他人也挺累的。就算保有對人覺察的敏銳度，也不能不謹守分際，不能在非醫療情境下給予診斷與治療。前文提過，在倫理規範上，心理師不得服務有情感關係對象的人，以避免立場偏差。除此之外，為避免大家抱持不合理的期待，以下我想再針對媒體或一般大眾的刻版印象提出解釋，讓心理治療成為慎重但不嚴肅的事。

1. 心理師會解夢、催眠嗎？

大家已讀過前文的諸多解釋，知道心理治療並不神祕，它是很真實的與個案合作，共同解決病患的問題，房間裡面不一定有躺椅，你也不一定要躺下來，更無需非得對我訴說你的夢境不可。

．解夢的前提，在於己對生活產生影響

精神分析學派會談夢，談催眠，讓你自由聯想，看看這些看似沒關聯的內容、是否反映你的潛意識問題，不過這只是心理治療的其中一項。更多治療技巧的運用，是討論想法如何影響情緒、身體線索又如何與情緒想法產生關聯，解此重新認識並重新架構，換個方式認識自己，例如認知行為學派、存在主義學派等。

精神分析學派被許多藝術文學拿來大量發揮在作品上，在現行的心理治療中應用並不算主流，那種停留在中產階級、甚至是貴族式的治療，需要有良好的教養與談吐，才能與醫生自在對談，但現今我們面臨的族群顯然複雜許多，如果採分析式的治療，許多個案絕對無法進入情況。

現代社會的心理師，面對的不僅是中產階級，更多是許多高風險家庭，需要幫助的孩童、老人或慢性病患長期照護的需求，並在健保體制下有效率地完成工作。

所以心理師採用更多更適合現況的治療取向，例如正念學習、靈性治療、關係取向的治療等，視每個心理師擅長的領域有所不同。

解夢，是主觀的詮釋，信不信由你。我並不主動談夢，除非個案覺得夢在現實生活中有重要的影響性。曾有個年輕女生深受焦慮所苦，晚上入眠之後有大量的夢，夢的內容多是暴力、血腥的畫面，自述醒來之後有幾天比較好睡，但沒多久又開始出現惡夢、失眠，所以我讓她談夢，她的記性極好，都能鉅細靡遺地像小說般為我陳述細節。

在她的情況裡，夢有種宣洩的意味。她與家人常有衝突，令她十分無奈，如果連做夢都不能抒發壓力，那她早就崩潰了。談著談著，她夢中的打殺場景從虛幻扭曲變成生活場景，殘酷的畫面也減少了，我不讓她因為夢境而責怪自己（如殺了家人），而是要她接納**夢是處理問題的一部分、是無害的**，代表她可以更接納自己。

‧催眠的效果如何……我很懷疑

再來談談催眠，催眠必定要有醫療上的目的，而非大眾表演式的譁眾取寵。例如最煽情、最能引起大眾趣味的前世因緣，這對個案的今生到底起了怎樣的作用？知道自己前世是清朝宮女的意義在哪？是要知道自己比較適合念中文系？還是適合做家庭主婦？

既然心理師領得一張國家認可的證照，其治療技術也要有信度、效度。在歐美各國有許多催眠治療的機構，但在臺灣尚未出現政府合格的催眠機構，有許多打著「催眠治療師」名號的人，既不具備精神科醫生身分、也不具心理師資格，其效果如何我無法在此陳述（可分享的案例不足），但我很確定的是，他們的收費不便宜、執行場所並不在醫療院所，健保亦無給付。

在沒有足夠說明與暖身之下的催眠，是不是能達到效果？治療師如何確定催眠能幫助個案而非滿足個案的好奇心？有人說催眠在創傷治療上有療效，但如果治療者沒有做足準備，只會讓個案受到二次傷害。

那麼，心理病患是否一定要催眠治療？我的建議是，除非你已經嘗試過其他療法認為沒效果，在這之前，請先讓自己踏入診療室吧。

2. 心理師不一定會替你分析童年經驗

許多人都以為，一定要整理過去受創的經驗、把傷口剝開再看一次，才能往前邁進、迎接更美好的生活。我不懂這個立論的背後想法是什麼，這其中一定有什麼天大的誤會。

・談完過去，不見得就能重生

有些人的確會因過去的傷害前來求助，例如曾被強暴、家暴、霸凌等，那些巨大的創傷並未隨著年齡成長而褪去，反而啃噬著自己當年未完成的情緒，發展出種種不同的病症。這樣的病人無法察覺過去的種種影響，反而過度自責、以為自己缺乏抗壓性。遇到這樣的情況時，我通常會試著帶領他，回去看看過去那個無助的自己，並讓他理解當年的傷害不是自己的錯，請他重新用現在成熟的自己去領悟：現在再也沒有人能夠傷害他。

然而大部分想談「過去」的人，並非基於上述的情況，而是誤以為把過去的問題談清楚，就可以「把過去結束掉」，脫胎換骨、如獲重生。但這犯了一個邏輯上的錯誤：過去種種要如何「談清楚」？如果是因為親子關係衝突帶來的不快樂，該如何跟父母要一個「清楚的答案」（其實你想要的只是令自己滿意的答案吧）？如果真的要不到想要的答案、過去無法終結，人生就不必往下過了嗎？

當然不是，我們該學的，是在沒有答案的情況下，往品質更好的生活走。過去發生的種種永遠不會消失，但我們可以學會不讓它影響未來。那些老愛說「以前的自己好可憐」、「我想知道自己為什麼會變成這樣」、「我生在一個不快樂的家庭」的人，其實就只是想要抱怨、把過去種種抓著緊緊不放罷了。說穿了就是想藉由過去來規避現在與未來，這樣就不用對自己負責了，只要一味地怪罪過去就好，多麼輕鬆容易啊！

．用過去逃避現實，心理師也愛莫能助

有個二十出頭的御宅族，自國中畢業後便放棄了生涯安排，既沒有升學、也沒有就業，他就是那種「想知道自己為何不快樂」的人。我花了不下十次的時間，聽他絮絮叨叨談論自己為何會宅在家十幾年的理由，當然其中也有令人感傷的部分，例如他有個脾氣暴躁的老爸。但愈聽，我愈覺得不對勁，我對他說，我不想跟他討論以前的事，他卻不以為然：「如果妳不夠了解我，要如何幫我？」

我嘆了一口氣：「好，我已經花了十次的時間來了解你，也許這還不夠。但如果有一天，我已經夠了解你了，那麼接下來呢？你又該做些什麼？你要我幫你什麼忙呢？」

他當然無法回答，因為他還沒想到接下來該怎麼對自己的人生負責，現在忙著抱怨以前都來不及了，最好把心理師拖下水，一起陷入回憶往事的死胡同。

遇到只想藉由不斷舔舐舊傷口來逃避生活、不想往前的人，我打死都不會落入「回憶往事」的陷阱。這個案真正讓我惱怒的是，每次下午兩點的約診，他常常遲到個十分鐘以上，現身時不但態度散漫、頭髮凌亂，還毫不在意地告訴我，自己因為昨晚熬夜看球賽或上網，早上才爬不起來。先前我曾要求他思考生活目標，當作回家功課，他也因為「最近太忙沒有好好想」而缺繳。問他在忙些什麼？他又說不出個所以然。心理師對於個案並非來者不拒，像這樣缺乏自我改變動機的病患，我也只好把晤談的寶貴資源留給更需要的人。

心理師關注的是，如何將重心放在現在與未來，就算是討論過去種種，其目標也必須要對現況的改善有幫助，這樣討論才有意義，而不是陷於長吁短嘆，不斷自怨自艾。

3. 利用電話／網路諮商可行嗎？

回答這個問題之前，請大家先想一想：如果你感冒、頭痛，你願意光憑電話問診拿藥嗎？我想對許多人來說，即使與醫師見面只有短短的一、兩分鐘，也比什麼都看不到，讓對方光用想像來得強。精神科也一樣，並不因為你面對的是心理問題，就能夠很神奇地隔空抓藥般，或是透過網路連線來替你判斷病症。

．親眼見到你，才能獲得許多你沒透露的重要訊息

網路或電話的對談缺乏溫度、沒有身體語言訊息，除了言語（說話或文字）之外缺乏其他線索，甚至聞不到你的味道。中醫有「望、聞、問、切」的診療方式，可藉此了解一個人的整體氣色，心理治療當然也一樣。了解個案的第一步是心理評估，不光是紙筆測驗，還包括行為觀察、診斷式的面談。當你覺得雙方好像在閒聊時，其實心理師正在蒐集關於你的一切資料，你的說話風格反映出的態度，你的性格、身體姿勢、動作、口氣、穿著打扮，往往透露了更多重要訊息。

如果你在意隱私，那麼可以尋求隱私度較高的醫療場所，私人診所自費項目絕對可以滿足你的需求，而不是把自己藏起來不讓人找到。對自己問題無法負責、無法面對的人，心理師要怎麼幫他呢？

．光憑一通電話，你無法獲得需要的幫助

有些情況很令人左右為難，例如對心理治療概念與流程不熟悉者，有時會透過電話總機轉接到心理師辦公室。某次我接到一位年輕媽媽打來的電話，電話中她哭著說不知道怎樣照顧寶寶，壓力大到快瘋掉。她每天都怕寶寶生病而拼命洗床單、衣服，洗到先生都把洗衣機鎖起來不讓她洗了；去度假？沒用啊，她一進飯店就想著床單一定沒有家裡乾淨，會有各種細菌、病毒，根本沒辦法放鬆；來醫院？不行啊，帶寶寶沒辦法出門；坐計程車？也不行……。

我多花了點時間安撫她，並給了她一些建議，最積極的方式當然就是請她來醫院看病，可惜她都不願接受。這位媽媽的情況聽起來像是產後憂鬱，合併高度焦慮的強迫行為，她最迫切要做的是來就醫，而不是打一通冗長但沒效果的電話。

她需要心理支持及心理治療。既然她能打電話求助，也一定有辦法到醫院就診。我本身是職業婦女，也育有兩個小孩，我懂一個新手媽媽的辛苦，就因為如此，我才更希望她留意自己的情緒狀態，先把自己照顧好，光靠一通電話的情緒支持遠遠不夠，更何況醫院的公務電話不能講太久。

我也曾經接過有高度自殺意願的個案，對方在電話中很焦急，甚至語帶威脅的告訴我：「我已經不能再等了！」、「我『現在』就需要幫忙！」通常我們會判斷此個案的危險程度，並告知他緊急電話1995、生命線、或其他能進行電話諮商的基金會號碼。

那臨床心理師做什麼？至少在接電話的當下，我們什麼也不能做。不是沒能力做，而是不能做。試想，如果我消耗許多時間在這些電話上，那如何對得起正在等候我、已經準備好要晤談的個案？如果我把時間拿來處理緊急個案，那麼我的門診個案該怎麼辦？所以，心理師的電話是拿來做行政用途、聯絡個案事情用的，絕非用來諮商（何況醫院並沒有「心理諮商」一詞，健保批價代碼也只有寫「心理治療」，說是諮商或晤談，是為了讓民眾更能接受），甚至拿來做衛教都不妥。要做疾病衛教，必定也是一對一、量身訂做的服務，沒見到你的本尊，要如何進行呢？

所以讓我再囉嗦一次，請再回到前述所提心理治療的前提，必須是有辦法、有意願做心理治療者，才能成為獨立個案，否則只能稱危機處理。

4. 心理師可以是朋友嗎？

好萊塢電影裡的心理醫師，若不跟個案搞個小曖昧的話，劇情好像就不夠精采。但電影就只是娛樂性質而已。個案就算長得再美、再帥，在心理師眼裡就是病患。《臨床心理師倫理準則與行為規範》記載：「臨床心理師與當事人應始終保持『治療／諮商者和當事人』的專業關係：（1）在專業關係中不得涉入當事人在治療／諮商關係之外的財務問題；（2）不得和有親密關係的人建立治療或諮商關係；（3）在治療／諮商中、及治療／諮商關係結束後兩年內，不得與當事人發生專業關係外之情感或性關係。」

心理師服務的對象不能是自己的朋友、家人、親戚，這點大家已大致了解，但要當「朋友」？抱歉，請等到諮商結束兩年後再說。那麼臉書加好友？加個LINE聯絡人？別鬧了。但如果有朝一日彼此成為朋友關係，對方日後又必須求助心理治療時該怎麼辦？那不難，轉介給其他心理師就好了（我也有將親友介紹給其他心理師的經驗）。

・醫病≠朋友

人心非草木，人際間的移情作用當然也會在治療關係中出現。例如把生活中無法被滿足的角色功能，移情到心理師身上；把心理師當成替代父母或傾慕對象，也並非不可能。

面對這種情況，也只能更透明公開的拿出來與對方討論。當我開始發現個案對我有好感時，我會老實地跟對方說：「我喜歡被喜歡的感覺，謝謝你。但你知道我們現在不是朋友關係，而是醫病關係，對不對？能喜歡一個人，就表示你還有喜歡人的能力，這樣很好，我想幫你用這樣的能力，在診療室外找到真正的朋友。」

我曾在相約一個年輕男生晤談時間時，對方居然吞吞吐吐地問：「醫師……妳最後有沒有可能會愛上我？」我差點在電話中笑出來。電影《見鬼》裡的心理醫師，就是最後和女主角在一起有個圓滿的結局，或是二〇一五年上映的007系列作《惡魔四伏》中，被龐德保護的美豔心理醫師，這些，都造就了人們對心理醫師美麗的偏見。

心理師與個案是醫病關係，但如果加入感情成分就會變得不清不楚。所以我們都盡量與個案保持診療室以外的距離。

・除非必要，否則盡量在診療室裡討論

那麼，如果有事情想在非治療時間找心理師，或遇上緊急狀況想聯絡時，心理師該不該留下私人手機或其他網路帳號？我的答案是：萬萬不可。任何問題都必須在診療室理討論，離開這個場所，就等於卸下專業身分。你也不會因為剛好感冒、在路上遇到醫生，就問他身上有沒有帶藥吧？

至於個案「真的很緊急，必須立刻與心理師聯絡」的狀況，就更有意思了。我認為病患如果真的非得在「非治療時間」找心理師，那就代表他不穩定、不適合接受心理治療，或是他對自己的解決問題能力沒有信心，想找心理師給他點「正增強」。這時我會鼓勵他不妨大膽一試，然後在下次晤談時一併討論，當成家庭作業處理。

不過，治療並非不能在診療室以外的場所進行，這和交朋友是兩回事。例如一個有社交恐懼症的人，在公共場所會有強烈的不舒服。有的治療方式會帶領個案，用漸進式的行為模式幫助他練習，先讓他想像人多的地方，接著嘗試帶他走出診療室，感受一下馬路上的人群，在心理師的陪伴下，一點一點的消除緊張感。當然這是在治療的時間內，而且個案亦清楚這是基於治療的需要。

界限，對治療關係很重要，這是保持專業清醒度最好的辦法。如果雙方已無法繼續談話，那麼就結束這段關係吧，也許治療關係的結束，是另一段關係的開始。

5. 網路或雜誌上刊登的是心理測驗嗎？

別開玩笑了，當然不是！如果病人會與心理醫生談戀愛是對心理師最大的誤解，那麼心理遊戲就是對心理測驗最大的誤解。

流行雜誌的專欄作者，常會刊載選領帶顏色、內褲形狀等好玩多過專業的小測驗，並冠上「心理測驗」的標題，讓人誤以為這就是正式的測驗方式，實在是天大的誤會，媒體這種純娛樂的特質更是讓人心膚淺化的最大幫凶。

・心理測驗講求信度與效度

心理測驗必須由領有相關證照的專業人員來施測，而且要具備測驗該有的信度與效度。信度指的是，由不同的人，或者在不同的時間下施測都能得到相同的結果，表示測驗具有可信度與精確度。

效度指的是可以真正測出想測的內容，例如智力測驗測的是「智力」，其施測內容就要能充分涵蓋智力的範圍，包括語言，空間，抽象與推理的能力等。即便如此，目前國內外普遍使用的「魏氏智力測驗」仍有討論空間，包括智力並不能完全測出個案的藝術潛能與創造力，但這已經是目前發展最完整的一套智力測驗了，期間還經過許多的修改，算是不盡然完美中最完備的了。

既然心理測驗標準如此嚴苛，那麼坊間常見的心理測驗又是怎麼回事？那些其實應該稱為「心理遊戲」，因為不具信、效度，當成遊戲輕鬆看待即可。

我看過一個最荒誕的心理遊戲：從切奇異果的方式，就可以了解你的人格。很清楚的，這個遊戲不具效度的理由是，從切奇異果就可以看出人格了嗎？切水果這件事跟人格的關聯性在哪？其不具信度的理由，則是施測結果可能會隨著心情變動而變得不可靠，也許我今天想橫切、下週又變成縱切，這樣是代表我人格分裂嗎？如果人格真的那麼單純明瞭，那心理師就能退出江湖，改行賣大腸麵線了。

・心理師的測量工具是什麼？

臨床上要施測人格可運用幾種工具，除了一般晤談與行為觀察、聽聽他說話的樣子之外，有許多自陳式的問卷可供使用。但自陳問卷有缺點，就是流於主觀好惡的感受，也可能會有刻意操弄的情況（例如想給治療者好感，想朝向治療者想聽的答案），所以還有另一種測驗——投射測驗，讓受試者在無防備的情況下，觀看意義不明的圖片，讓對方用自由聯想的方式說出答案，而這些答案對心理師來說有許多解釋空間，更能反應出真實的人格樣貌。

真正的心理測驗如果可以隨意購買、施測，那會是很危險的事。一些有心人士可以買來事先練習以操弄結果，例如不是資優生，強加練習硬拗成資優，對孩子來說是福是禍？若是要判斷心理疾病，則會增加對問題覺察與診斷的困難度。

在診療室建立合作關係

心理治療的進行會從初步接觸做基礎，由心理評估開始做起，若能蒐集愈多線索，可給予幫助也就愈豐富。從踏入診間開始，心理師期待的是一份合作的關係、是專業的陪伴者，既不是導師也不是上人。我常以為，從門診到踏進診療室的階段，就已經做好改變的準備了。如果你願意開始信任心理師，我們會提供許多你平常沒機會思考到的面向，帶領你了解自己、幫助自己，朝向改變之路。

Part5

心，修補與平復

1 心理治療，幫你找到正確的鑰匙

每個人的手中都握有許多鑰匙，但很多情況下，我們並不知道該用哪把開哪個門，這正是心理治療的用意，協助你找到合適的鑰匙。

雙方第一次見面，能做的事情不多，只能先了解，也許一次不夠，還得延續至第二、第三次……。或許你的心理師會問你很多問題，從家庭成員、讀過的學校、到工作經驗、男（女）朋友等無所不問，這一切都是為了能更接近你的世界。

從你的故事看到癥結

當我事先向個案說明，自己因診療需要，將會問到很多私事時，幾乎沒有人會拒絕。即使一開始不知道怎麼說（大多為男性，尤其在陌生人面前，即使這個陌生人看起來無害），但說說發生了什麼還行，就這樣漸漸打開話匣子。

·學校生活

了解學校生活，是為了掌握你在校的生活樣貌，有多少（或根本沒有）好友、對學校環境適不適應、念哪所學校、公立或私立、科系是自己選的還是父母決定的，這些統統都是有意義的。

個案若是進入無奈被安排的科系，出現逃避行為的機率通常較高；當就讀明星學校的學生跟我抱怨，自己功課退步是能力不好時，我寧願相信是他過於焦慮造成的影響；一個抱怨在學校沒有知心好友的學生，告訴我其實他搬了好幾次家，每間學校都念不到一年、交不到好朋友時，我自然也能很快理解他的感受。

·工作狀況

了解你的工作史，是為了聽你說說這些年來做過哪些工作、做了多久、如何轉換、穩定度如何；更可從與同事的互動，從中觀察你工作的樣子、對工作的想法。這些同時也與你的年紀與所處的社會文化脈絡有關，一個五十歲但工作皆做不滿一年的人，會比二十五歲工作皆做不滿一年的人問題更大。

曾經有個二十七歲左右的女孩子問我，自己是不是抗壓性太差？她是一個每份工作都做不滿兩年的人。完成學業時她已二十三歲（現在年輕人普遍就學年紀延長，踏出校門時已屆三十歲的大有人在），第一份工作是在父親要求下，回家裡幫忙，做不到兩個月就覺得不適合，然後自己去找工作。

她在百貨零售業做了一年半，再到貿易公司當了快一年的助理，後來主管希望她轉任業務工作，但還是在同一家公司，三個月後她發現自己不適合跑業務，加上新的主管覺得她反應不夠快，於是便離開了。這是兩個月前的事情，其實才發生沒多久，現在的她待業中。在我看來，我一點都不覺得這個女生的抗壓性差，這不就是許多年輕人正在職場摸索、碰撞的樣貌嗎？聽完我的見解，她流下淚，告訴我，其實她最在意的是父親的眼光，她覺得自己讓父親失望了。

個案在陳述生活史的過程中，也逐步說出了自己的心事。自從女兒拒絕在自家公司上班，這位父親就冷眼旁觀女兒的工作轉換，也一路唱衰她的表現。誰在職場中沒遇過挫折？這位父親在背後補刀的結果，只會導致個案更覺得自己無用。

・生活細節

基本資料可以反映一個人怎麼解讀自己，在敘說整理的過程中，聰慧的你自然會了解，心理師一直拋出問題，只是為了讓你更接近問題的核心；發現心理問題如何累積，你就不會再苛責自己。你提供的細節，看似只是生活資料的蒐集，但魔鬼就藏在細節裡。在整理的過程中，真相便會逐漸浮現，你試著想輕描淡寫帶過的內容，正反映了你的不安，那些拉拉雜雜東扯西扯的瑣碎細節，掩蓋了真正需要解決的問題，在敘述的過程中，你與心理師一起檢視何者重要、何者不重要。

你會發現，很多問題並不是你造成的，這很重要，當你知道自己不是問題的始作俑者、你並不等於問題時，才能停止自我責怪。

智慧型手機帶來何種契機？

智慧型手機早已是人們生活的一部分。個案常常在診療過程中掏出手機觀看，不是忘了關機就是有人來電，這都是人們出於習慣化的反應，但也帶來許多契機。

．手機乘載了你所有情緒

手機乘載了所有資料與喜怒哀愁，我指的契機，並非用手機說話或傳訊息得到的收穫，這就和網路聊天一樣不可靠。網路世界不等於真實人生，但手機內建的種種卻是你生活的真實寫照。近幾年來，我嘗試透過個案的手機資料來描繪一個人的樣子，甚至手機也能融入治療的一部分，成為了解他、有助於日後合作的工具。

當對方跟我說，他的困擾是房間很亂，亂到影響心情時，我會請他下次回診前先拍幾張房間照片，看看到底有多亂。當事人的主觀與旁觀者的主觀，常有不一致之處，但當我和個案建立起共同的視野與現場後（看見他以手機拍攝的房間照片），就算我不覺得亂，也可藉由房內擺設布置、大小得到更多訊息，更展現了我想多了解他一點的好奇與誠意，這是建立關係、共同工作的基礎。

．從手機中的照片、對話看出人生細節

一個拒學的小女生，曾對我訴說母女關係：「我媽喔，她真的很煩，每次都只會叫我去上學，一天到晚問我什麼時候要上學。我就是不想出門啊……。」她成長

的過程有太多煩人的事，媽媽是其中一項。

在她眼中，媽媽是一個工作很忙，彼此有時會聊天、訴苦但對方回應很消極，並沒什麼實質安慰效果的母親，我無法斷定她與媽媽的關係好或不好。那些自我追尋的掙扎過程中，媽媽到底占了多少影響，於是我問：「你有媽媽的照片嗎？我可以看一下嗎？」

拿出手機後，氣氛就輕鬆許多，就像我對著青少年露出我的矯正牙套一樣。她的表情從苦惱轉為輕鬆，看著她一邊滑手機翻找母親照片，一邊開始露出微笑：「我媽穿衣服的眼光我是不敢恭維啦」、「她拍照的姿勢都好醜」……「心理老師妳看，她身上的衣服是我叫她買的，好看吧？」她很得意的告訴我。我看到的是一個穿著白色長靴、衣著時髦的辣媽，對著女兒的鏡頭露出順服、溫柔的微笑，好像女兒的種種任性她都可以包容。

而女孩對母親漫不經心的批評，聽起來也非真的批判，這是做母親默默允許的任性，流露出無條件給予女兒的安全感。從這段的手機分享，我知道這個女孩的背後有人守候，讓她可以不失控。手機能透露出一些看似不重要、隨性，看似閒聊其實很重要的細節。

·手機成了心理師與個案的共同語言

一個有社交畏懼困擾的年輕男性，因為過胖的緣故，身上散發出些許的體味，即使在冷鋒過境的天氣，依舊只穿著短袖T恤，看起來不知幾天沒洗的頭髮，自卑似地散亂開來。

他知道自己很糟、需要幫助，但還沒準備好，他光是出門都有困難，我花了許多時間才讓他願意直視我而不覺尷尬。他已習於面對電腦與手機螢幕，面對活生生的人反而很困難。

只要我稍稍觸及生活的痛處，他就會縮回原來的安全角落，垂下眼皮不看我，不然就眼神飄忽，推說不知道；有時則無意識的滑手機。我知道他很想努力，只是無法過自己這一關，太久不曾去想自己能做什麼，而陷入動彈不得的狀態。

他聽了我的勸告，很努力不再泡網咖，轉而迷上夾娃娃機，也因為這個嗜好認識了幾個同好，也算是開始交新朋友。當他懶洋洋地告訴我最近在玩夾娃娃機時，我問他夾到了什麼，有沒有拍下戰利品？我想看看。他眼睛馬上閃爍著光，把手機照片找出來，許多寶可夢公仔排排站，占滿了床頭很壯觀。下次晤談時，他居然很主動的問我要不要看戰利品的照片。

這是他與我談話最自在的方式，他的房間充滿各種夾來的填充布偶，那些像是小學生會喜歡的玩偶他視作珍寶，即使身上沒錢也不願賣出變現。這位「夾娃娃機達人」藉由他的興趣找到了朋友，後來甚至找到了工作。

．電話／網路仍無法取代面對面

手機也能幫心理師澄清許多事，那些情侶分手前的吵架訊息，劈腿的那方如何嗅出端倪（許多個案早就截圖下來等著拿給我看，要我評評理）。我的工作不是論斷誰是誰非，而是與個案同聲一氣、投入他的情緒世界。手機並不是死板板的機器，上頭的文字都會深深牽引著當事人的情緒。

當各位會診時，請帶著你的故事前來，你不一定要滔滔不絕講滿祖宗十八代，甚至不必特別準備（常有個案問我來晤談要準備什麼），**只要你願意被了解**。

先前也提過，改變的契機不一定在診療室裡，除了你與治療師抱怨的苦悶、不開心之外，你一定也有其他不抱怨的生活面向，若不試著切換角度、跳脫出來，不把這些愉悅的感受攤開來一起檢視，你對生活的全貌就容易失焦，導致放大了問題、忽略其他可能的力量。

就算你因為情緒困擾而忽略了其他正面感受，心理師也一定會想辦法提醒你。對我來說，善用3C這項溝通工具，我甚至可以看到個案的部落格文章，在對方的允許之下，我會仔細閱讀他／她的網路文字、照片、圖片，甚至可以看到底下有多少回應、獲得幾個讚，他／她對這些回應的反應如何等。但以上所述是「已來到診間的個案」，對於所謂「網路諮商」（意即僅在線上諮詢、回覆個人的問題），我仍是敬謝不敏，我聽聞不到你的呼吸與聲音，要如何幫助你呢？

2 心理治療的最高境界

心理介入各種醫療領域中已有許多相關研究，例如介入失智症者的療程，提供情緒支持或各種不同派別的治療，對於照護者的情緒或想法，都有顯著的改善（如二〇一五年周雅荃等人對十五篇研究的整理）。甚至對於較難纏的思覺失調症，或者是較慢性的心理疾病患者而言，心理治療也已達到統計上的顯著意義。

這幾年我曾主持乳癌病友的情緒分享團體，即使不直接針對心理做治療，僅僅是提供一個可以說說生病歷程故事的機會，也有相當神奇的效果。參與的病友都覺得自己的情緒被傾聽、撫慰，更感受到了陪伴的力量，甚至在講座後，病友的緣分仍會繼續下去，病友們相偕出遊喝茶，或是共同探視新病友，然後拍拍她們說：「安啦，治療是個過程，終究會熬過去的。」她們的家人並非不關心，只是很難理解治療的痛苦以及接近死亡的恐懼。

心理師可協助你找到不同的可能

比情緒分享更深層，介入更深的心理治療，效果就更不用提。針對症狀的心理治療，無非是要削減症狀，至少不能再干擾生活。例如使焦慮症狀減輕到不再影響睡眠、找出自己的興趣喜好，接納自己有部分合理的壓力感；使憂鬱症狀減輕到不再忘記笑容，並容許自己仍有一些灰色地帶。

最直接的功效，就是有個片刻的時間空間，在一個可信任的人陪伴下，好好整理自己的思緒，讓討論擴及你的整個存在，而非鑽進問題本身。太過目標導向，急著想解決或完成某些事，反而忽略你正在錯過的風景，而心理師的任務之一，就是協助你打開自己的各種感覺、想法，發現不同可能，增加對問題的接納與容忍。

你沒有你想的那樣引人注意，也沒有自己想的那樣差勁。世界並非繞著你轉，任何人都是渺小的一部分，你可以決定看世界的方式，除非你連自己都錯過了。

不百分之百贊同你，是因為還有更有效的做法

當你踏進診間的那一刻，就是在尋找可以協助解決問題的夥伴。心理師不見得會完全與你一個鼻孔出氣，他能同理你的感受，但對於該怎麼做，卻會有不同於你的做法，換句話說，醫病雙方儘管目標相同，但手段絕對不一樣。

有個患有強迫症的高考考生，想跟我談談他的檢查行為。他的症狀是老認為書本裝訂得不夠平整，書緣都會微微翹起，這影響了他讀書的專心程度。所以他常在書店翻找「裝訂平整」的版本，如果書不ＯＫ必拿去退換，他甚至把書帶來請我檢查，想得到心理師的保證。

他腦中期待的心理治療是，治療師跟他站在同一個標準上，達到確認目的，只要書本平整沒有皺褶，他就可以讀得下去、金榜題名；或者心理師可以教他一個好方法，讓他可以控制自己、不必反覆檢查。

但不識趣的我，偏要跟他談這個動作背後的意義，以及「書」對他的象徵意義。**他對各種考試、功成名就的壓力，轉化成對書本裝訂的挑剔。**考試成績無法掌

控，但書本是否平整，卻是他能控制的範圍，所以他出現了這樣的症狀，日復一日鋼鐵般的執行，卻絲毫未減他的焦慮。要說服他拋棄原先的晤談設定（認為醫師會提供他想像中的治療方案），就和要他放棄所有的強迫行為一樣困難。我光是說服他就花了好幾次時間，也幸虧他不放棄治療，沒有在下次會面時放我鴿子。

我不願照著他的期待走，也不願為他設計家庭作業（練習如何減少強迫行為）。我邀請他談談自己升學歷程，這科系是他喜歡的嗎？現在準備的高考是他想要的嗎？萬一，我跟他說只是萬一，如果這次沒考上，有想過要做什麼嗎？

我聽出他症狀背後的苦惱，那是一種不知未來為何的茫然。接著，我試著帶領他整理自己如何成為一個好學生、高知識分子的雙親如何教養他？對他現在罹患強迫症有何態度？他有沒有屬於自己的興趣與夢想，還是已經埋葬在書本中？

過程中他偶爾會感到彆扭不自在，質疑「為什麼要談那麼多？直接解決我的強迫問題不就好了嗎？」但我想讓他知道，那些強迫動作只是表徵，除去表面的雜草，日後還是會再長出來，唯有知道這些動作為什麼會發生，才有可能直視問題本身。

雖然這些結果無法量化、做起來也很沒效率，不過**精神科本來就不是只針對單**

一狀況處置的科別，全面性的關注才是心理醫療的目的。到後來，他從原本的歇斯底里，進步到能愈來愈自在的向我傾訴他的壓力、有時甚至會自嘲自己如何龜毛，活像個「澳洲來的客人」（奧客），在他更清楚苦惱的來源後，終於不再認為自己的強迫症是書本裝訂不佳的問題了。

在小房間裡作夢、流淚

我常遇到長期服藥、對藥物感到厭倦，或是想用不同方式好起來的病患。也有些人過度害怕被藥物控制，而前來接受心理治療，他們不一定了解自己將經歷什麼，所以我必須帶領他們思考。

我鼓勵第一次來的個案，不論你願不願意，既然人都來了、也坐定了，那要不要來聊一下自己為什麼會被帶來？誰帶你來？他們的理由是什麼？如果是自己想來的，對晤談有什麼期待？想談些什麼？

有些人不敢放開來談，是擔心自己做不到；也有人很想、非常想談，但不知道該談什麼。有個高中女生要求母親帶她來（母親反而覺得靠自己想通就好，幹嘛要晤談），這個小女生陷入長期的空虛與茫然感中，感覺快要淹死了，她知道自己該游上岸、找出生活秩序，她很想，但不知道該怎麼做。

不急。我總是鼓勵對方，踏進來就等於好了一半。難道不是嗎？了解自己的困境並願意面對不逃避，這還不夠勇敢嗎？只要有心，談著談著方法自然會跳出來，時機到了果實自然會落地。

在診療室這個小小的房間內，允許我們談平常不敢談的事，做做夢、流著不敢流的眼淚（有些人會為自己的「失控」道歉，我說，道什麼歉呢？真傻！連這裡都不能哭，那你該去哪裡哭？），也許說多了，那些模糊的東西便會漸漸具體起來。

我的想法是，盡量不假設坐在眼前的是「病人」，因為被帶來就診不代表就是問題產生者，說不定他／她是問題的承受者，太快產生的印象對個案並不公平，也非心理師該有的態度。先卸下對方的心防、聽聽他踏進診間前的來龍去脈、搞清楚發生了什麼事，家人是怎麼想的、個案又是怎麼想的。通常這個請求很少被拒絕，甚至原來並不想談、雙手環抱胸前，一副「妳到底想幹嘛」的防衛姿態，但我明白對方只是因為不情願被帶來，並非對我個人的敵意。

聊著聊著，對方發現眼前這心理師並沒有什麼威脅性，儘管問了很多問題，但聽起來只想了解更多，也不會特別給什麼建議；過程中沒說什麼話、不打岔，使人不知不覺會想說出更多話。

臨床經驗中，個案常會告訴我一些他並不打算告訴家人的事，能夠真的進入個案的生命故事中，我感到非常榮幸，如果不是始於這樣的信任，很難給予實質的幫助。一些非常有行動力的個案甚至主動告訴我：「如果我什麼都不肯說，那我來做什麼？」

心理師只是綠葉，你才是主角

談話的內容，會透露出許多線索與問題，但沒說出口的那些並非不重要。我們常習於來醫院「訴說問題」，問題的比例難免放多了些，殊不知其他平淡無奇、感受不到問題的其他狀況可能也不少，我也協助個案看見，沒說出來的那些事情，對生活也許是加分、是助力，更是幫助我們復原的力量。

默默在旁傾聽，偶爾的引導與澄清，心理師是綠葉、配角，讓個案覺得心理師其實也沒做什麼，自己才是想出解決問題策略的那個人。**你知道你該怎麼做，而且是自己想出來的，帶著不一樣的想法與力量離開診療室，改變於是開始。**

容我再用另一種比喻。如果個案是還尚待研究的食材，那麼心理師就是風格各異的調味料，協助個案成為適合自己口味的佳餚。有的心理師風格辛辣，他不想討好你，而是挑戰你思考上的盲點，直指行為背後扭曲的情緒；有的心理師風格醇厚溫和，他讓你疼惜自己這些年的磨難與辛苦，並學著不再責備自己。也許心理師在個案沉澱、整理自己的過程中所扮演的調味料角色，很難被察覺或感激，但那不重要，要緊的是你已琢磨成一道風味獨具的料理了。

把掌聲留給個案自己，讓個案覺得「其實心理師也沒做什麼，是靠自己的努力才好起來的」，應該就是心理治療最理想的境界。

看見自己的好與壞，並統統接納它們

一般人對於心理治療常有個既定的盲點，那就是「我來了、我有問題↓我是有問題的人」。實際上，來心理治療的人不見得就是問題本身，可惜那些被稱為「症狀」的問題拖垮了自我信念，我們幾乎都要相信自己是一無是處的了。

症狀會讓我們變得不像原來的自己，例如低落的情緒，會影響你看待自己的眼光。一個學有專精，能從事同步口譯、留學法國的個案告訴我，學歷好又怎樣，現在還不是廢人一個！一個長相清秀，我認為相當漂亮、個性也好的女生，卻說自己一無是處，不值得被愛。不論外人怎麼看怎麼說（對於正向說法一律解釋成「那是別人在安慰我」、「心理師當然要說好聽的話」），執拗的認為自己就是不夠好。

病症會使你再也看不見自己的好，以為是自己性格懦弱，但這極有可能是情緒慢性化的結果，讓你已非原來的你。有個三十歲出頭的女性告訴我，她年輕時才不像現在這樣厭惡與人相處，那時的她開朗健談，朋友都說她活潑、點子多，也很會講故事；現在的她卻猶如一灘死水，非得出去見人時，也老想著逃走回家。她也以為，這就是她的宿命，是年齡的增長讓她的個性改變。但這並不公平，是情緒症狀干擾了原來的性格，讓她變得不像原來的自己。只要經過妥善治療、除去情緒上的雜質，那原先願意信任、友善的個性就有可能再次浮出水面。

憂鬱，並非不自殺問題就不嚴重，**更多值得注意的憂鬱是長期、慢性的情緒低落狀態，沒有真正開心的感受、不覺得快樂**。儘管人前陪笑，卻往往皮笑肉不笑。或者認為自己「只是」吃不下，長期的胃口不好，怠惰感、常常無法做決定，重要的事情會拖延而被責罵。

這就是最新定義的「持續型憂鬱症」（Persistent Depression Disorder），為過去慢性憂鬱和輕鬱症兩種心理疾病的總稱。這樣的情緒低落持續至少兩年的時間，即使在這段時間你沒有自殺或自殘的念頭，也不表示你沒有問題；儘管沒有強烈意識到自己需就醫，這樣的情緒卻一點一點改變你的生活，猶如溫水煮青蛙，時間久了感覺自己愈來愈無用，使你在社交上、工作上處處碰壁。

許多心理疾病都會讓當事人失去原來的自己，例如思覺失調症，潛藏在意識底下扭曲的知覺，讓你在片刻間變成另一個不認識的自己、無法控制行為，真正的自己被症狀包圍困在角落，一點也使不上力。

獨自照顧過動及自閉兒的堅強媽媽

被情緒所困不是你的錯，卻成為你的一部分。也有些人並非患者，卻同樣因為這類問題而困擾，例如我就認識一位育有兩個問題兒的母親，她無處可逃，只能努力帶領他們生活下去。

養育一名患有過動或有自閉傾向的孩子，足以讓一個盡責的媽媽疲於奔命。從學齡前開始，她就四處打聽哪裡有好的療育課程，再遠都拎著孩子搭車過去，深怕已經異於常人的孩子，在發展上會有任何差池。孩子入學後她更是戰戰兢兢，常去學校找老師溝通，既擔心孩子欺負別人、也擔心被欺負。當孩子好不容易升上國中，行為漸漸不失控。

其中她看到孩子緩慢有限的進步，挫折比進步還多，先生不認為孩子有病，一直置身事外，完全不參與孩子的復健課程，她的生活實在沒幾件真正開心的事。

但孩子的行為問題讓她沒時間傷心難過，她只知道自己不能倒下，否則孩子該怎麼辦？偶爾當她疲累而停下來時，那些累積之下的沮喪開始一點一點改變自己。首先，她從一個愛聽音樂、聊電影、讀小說的女人，變成「浪漫沒有，嘮叨很多」的婦人。入夜之後等老公、孩子都睡了，她才完全有屬於自己的時間，但她只想狂吃零食，導致身材日漸走樣，更遭到老公的取笑。

她知道自己的情緒困境來自何處，但更多時候，她看到的是那個她不能接受的自己，儘管知道自己得繼續活著，卻不知道能依賴誰。這次求診，是因為她好不容易陪伴大兒子長大、可以稍喘口氣，但最近老么又被確診是過動兒，讓她好不容易重建的生活步調又要再一次被打亂，無奈的宿命感又在內心深處悄悄升起、牢牢攫住她。當她坐在我眼前，儘管很有條理的敘述問題，但態度與語氣中流露出沉重的疲倦感，她說就算連續睡上好幾天也恢復不過來。

不用說，她的無力沮喪已經很清楚了，在第一次談話時就已經掌握了十之八九，外在壓力那麼明顯，很少有身為人母的可承受得住。

我奮力在這些事件的縫隙中看到她生命中的曙光。她告訴我，照顧孩子數年後她實在受不了，必須出去走走，於是她向自己告假一年，揹起背包去旅行。想當然她受到颶風般的阻力，所有親人都說她自私，她的老公看見她一路上的辛苦，不敢跟著反對（但也沒說支持），於是她不顧一切就成行。

這位媽媽說：「我去旅行，被婆婆罵得要命，妳無法相信他們在背後是怎樣說我，但我知道自己再不出去喘口氣，就會發瘋。」

我看到她想自救，這些年的努力讓她覺得自己值得這麼做，還好她的力量並未完全消蝕，她終於開始聚焦到自己身上。

「好極了。」我對她說。「是啊」，她開始快樂起來：「當我到中南美洲時，有一次跟一群老外去爬山，我以前沒有運動的習慣，真的好累，不過這跟我生活相比還是小case。到了一個類似古代祭壇的地方，大家就開始學泰山鬼吼鬼叫，我也跟著大吼，好過癮喔！連高山症都忘了。」

從不同的角度找回平衡

當她回來後，世界還是一樣運轉，但至少面對長輩的冷言冷語時，她開始試著不在意。她告訴我，還好孩子的狀況日漸穩定、開始適應學校生活，她可以不用隨時提心吊膽了。

「那現在出不去，妳該怎麼辦？」我問。我知道她雖然又遇到一樣的問題，但情況絕對不會跟以前一樣。

「我找到一個可以送完孩子再去上班的工作，四點下班後剛好去接小孩下課。」她的工作能力本來就很好，只是每每升到小主管職之後，就會因為孩子又闖了什麼禍無法工作，必須辭職回家帶小孩。

當她抱怨一路上先生的冷眼旁觀時，我問：「妳認為他在先生的角色與爸爸的角色上都是不及格的，對嗎？」

她思考了一下，顯然開始在分數上斟酌：「其實，他身為一個『家長』的分數是有及格的。」

她苦笑著說，這三年來她開始建立「婚姻現實感」，儘管這段婚姻風雨飄搖，這些年來先生仍沒放棄這個家——雖然腳步沒跟上，但至少人還在。

她接著說：「我親自帶孩子上、下課，雖然他沒參與，但至少所有的費用他都包了。而且他還讓我出國整整一年。」

這就是我想讓她看見的地方。當你學會不過分正向、也不過度負向的思考，情緒傾斜的一端自然能得到平衡。不論是精神症狀或情緒症狀，時間一久難免自貶，分不清到底是問題影響自己，還是自己已經變成了問題。精神科不僅是解決問題的地方，更是發現自己與家人能力的所在。也許你早就看不見，但我們會設法協助你看見，不論好與壞，這些都是你。

接受了自己，才能開始看其他的問題，與家人、與人際間的，說不定會發現其實處理得還不錯，問題沒有想像的嚴重，只是自己不滿意罷了。

在心理師的陪同下再次面對、處理你心中的問題，這次要用全新、不一樣的角度來看待問題，光是這麼做，一個嶄新的機會就在你眼前展開了。

3 目前的大環境真的重視心理健康？

大環境的友善與支持程度，會促使人們願意以行動關注自己。當周遭有就醫經驗的人告訴你，其實求診不過是這樣、那樣，看精神科就和看感冒一樣稀鬆平常，應該就沒有人會拒絕求助了。

我見過不少學校、職場、家人對心理疾病病人的友善，如果場景再拉大到社會、政府機構，也會有相同、甚至是有更大的格局與資源嗎？其實我不太確定。

如果這個社會真的重視心理健康、對於預防心理疾病更有概念，民眾對於自身的心理狀態也許會有較高的敏感度。政府單位若採取較為鼓勵的態度，相關的心理醫療工作也許就能得到較積極的幫助、整體醫療氣氛也會比較友善。

然而，這些年來，我認為臺灣政府在心理治療這塊的發展上，仍有很大的進步空間。

心理及口腔健康司？那是什麼單位？

社會對於心理病患的接納的程度的確有提高，許多人都能夠在症狀初期就積極求診，也開始不認為來看精神科有啥好大驚小怪，但政府官方卻沒有相對應的進步。在臺灣二〇五〇年邁向超高齡社會前的現在，政府已積極投入長期照護的工作，並投入大量預算，但心理健康機構的設立卻並未被重視。

大家知道嗎？我們的官方心理健康機構名稱，竟是叫「心理及口腔健康司」。這種有如奇特怪獸的專門機構，全世界除了臺灣以外，應該找不到第二個。

衛生福利部在二〇一三年成立了「心理及口腔健康司（以下簡稱心口司）」，這個單位層級雖高，但名稱著實奇怪，心理健康與口腔業務是兩個風馬牛不相及的單位，硬是把不同領域的東西湊在一起，政府為心理衛生而努力的誠意令人質疑。

「過去在衛生署結構中，心理健康問題如嬰幼兒發展遲緩、兒童心理問題、憂鬱症、自殺防治、物質濫用、精神疾病防治、老年失智等等已經長期被忽略，本來想趁這次改制的契機（當時的行政院改造計畫），讓衛生主管機關能建立更完善的心理健康機制，但如今卻因利益團體壓力，而強行將口腔衛生與心理衛生合併，此舉完全違反了當年籌設心理衛生司的初衷。」（前衛生署長葉金川，二〇一三年《聯合報》。）

當心理健康成為下個世紀最重要的人類議題時，我們目前居然沒有一個完整的心理健康主責單位。前臺灣精神醫學會理事長陳喬琪醫師也在報上投書，口氣更加嚴峻痛心：「（這次的策略）再一次顯示我國的立法委員只管個別利益，不會思慮國家整體健康政策的發展，誰出賣了臺灣的心理健康？」

心理健康行動聯盟召集人，同時也是臺大公共衛生學院副教授張玨更表示，所有先進國家都是特別在公共衛生部下，成立衛生署與心理健康署，例如美國。就連泰國成立心理健康署都已二十年，我們卻仍在幼兒學步，卻又妄想包山包海。

仔細看心口司的組織架構，分為「心理健康促進」、「精神疾病防治」、「成癮防治」、「特殊族群處遇」、「口腔醫療照顧」、「口腔政策與品保」六大科，其中心理業務占了三分之二，但從任何長期關心心理健康議題的人來看，都可以明顯的發現，**心理業務中任何一科，都足以成為一個獨立且重要的機構。**

以「特殊族群處遇科」為例，指的是家暴、性侵與性騷擾、兒童與青少年、男性關懷，這些任何一小項，都絕對具有指標般不可輕忽的地位。光是家暴與性侵這塊，關注面向包括了加害人與被害人，以及相關教育三級推廣的概念，從預防、到治療到處遇與追蹤，這個擠在司級單位的六分之一業務，有辦法執行全面化的整合（例如不同對象、不同年齡階段、不同場域）嗎？如果無法好好推動這些業務，日後就會不斷在社會新聞中，看到令人心痛的連續性侵害事件。

如果機構無法獨立，必須和其他領域共分一塊餅，便無法充分掌握政策制定影響力與發言權。在這樣的前提之下，我真的很難相信政府有辦法、有能力重視心理健康議題。

「心理健康行動聯盟」提出了名不正言不順的「六大不合」，說明心理與口腔早該分家的理由：一是不合常理、二是不合邏輯、三是不合專業學理、四是不合實務需求、五是不合業務推動、六是不合民眾福祉。

要做，只做半套，不做足全套，等到重大事故再來檢討，實在很難談得上成效。我不想去推敲為何心理會與口腔綁在一起，不希望心理健康部門成為政治綁架的手法，只想純粹站在心理健康角度說話。想想在臺灣不斷面臨重大災難的人們，地震、颱風、水災、氣爆等，若干年後他們的心靈康復了嗎？政府有較長遠的照顧方案嗎？對於類似事件再度發生時，有緊急因應的心理急救介入嗎？政府真能從心理層面照顧人民的生活品質嗎？

全面的心理服務受到政府態度的主導，身為其中的一分子，我們有義務發聲，在錯誤的政策制訂之後設法彌補，這是對社會他人的責任，也能因此回饋到自己身上（例如自己年老後、當自己有一天變得脆弱需要協助時）。

我不寂寞，也不是怪胎

我並不完全寄望官方能為我們做什麼，在這之前我們自己所受的苦，只有自己清楚，別說周遭的人不理解，甚至心理師也不全然明白，有時候還挺孤獨。

有個家庭環境極好、家教嚴謹的年輕女孩告訴我，她自律甚嚴、理智化的父親一聽到她看精神科，就十分反彈地要她別再回診：「妳應該去打坐、學靜心的方式，不能老是想靠藥物。」這話我聽來實在太熟悉，許多病患常向我轉述家長的態度，都是類似這些說詞。女兒的不理性讓他焦慮，更無法面對這些焦慮其實與他有關，只一味的想轉移問題的重心。該個案的母親反應，則是直接忽略她看醫生的事實，彷彿從來沒有聽過這些話。

她認清父母終究沒辦法了解自己的感受，是孤獨的，我也向她坦承，就連心理師可能也不盡然了解每一個個案，要等別人來了解我們，終究是不可得。但即使遭到全世界的誤解，也要證明自己的價值，而我與精神醫療、心理師夥伴會試著協助你看見屬於自己的力量。

還有個小女生純粹為了晤談而來，但當我問她想談什麼，小女生說：「隨便，都可以聊。」看似散漫沒有重點，實則是發出微弱的求助訊號，渴望有人能找到那個開啟的線索，因為她也不知該如何開始。

一次晤談中，當我正在分析某份她的自我概念測驗，解釋許多答案呈現的矛盾與不一致之處時（例如既覺得自己很不錯、又覺得自己不重要），她突然往膝蓋一拍，說：「好，這下我懂了！」我有點愣住，忘了剛剛到底說了什麼，竟讓她醍醐灌頂。她只跟我說，她更了解自己了。

至此，原本拒學的她開始比較願意上學。有一天來晤談時有點得意的告訴我：「我今天有『準時』上學喔！」我知道，她已經朝向康復之路了。

如果願意聽聽心理師關於測驗的分析，或者願意讓心理師陪伴走上一段，一定會有收穫。別忘了，你不寂寞，也不是怪胎。

「我想要成為一個什麼樣的人？我想要成為一個對他人痛苦有更多想像力的人……我想要成為可以實質上幫助精神病去汙名化的人。」（已故作家林奕含，引述自「報導者」網站。）

我希望有一天，看心理問題就跟看感冒一樣平常，是可以被討論的：「這個醫生不合適，我建議你看哪個醫生」、「你那個症狀我也有過，我的經驗是……」、「需不需要我陪你去看醫生」等。當因為心理問題而求助的人不再寂寞、不再被當成怪胎，就有很大的機會好轉。

那些已經消逝的人已沒有機會，希望正在受苦的人，能夠有機會看到不同的人生風景。

結語
只要一直走，就會有亮光

我服務的單位屬於綜合型區域醫院，病患的年齡層很廣泛，接觸的問題與症狀更是包羅萬象，多年下來，我有一些個人的觀察心得。

在病患類型上：

- 通常女人比男人更願意來精神科，願意表達自己的情緒。相對的男人較為理智化，情緒表達壓抑，較自我中心與外在歸因，這點與社會學習經驗有關，並非男人不想求助。
- 三十五歲以下的年輕人，較其他年齡層求診意願高，甚至會在即使醫生建議不需要吃藥也想安排心理治療。
- 愈來愈多青少年主動前來，並且不希望家人知道。

• 有愈來愈多的同性戀個案。

• 愈來愈多人願意自費來晤談，沒有健保給付。（自費與健保給付的心理治療服務內容並無太大不同，不同的是較不需等待、隱私性更高。有的醫院會有個別化服務，例如配合上班族的夜間門診。）

• 疾病的汙名化或刻板印象依舊存在，但有愈來愈多的正向力量與同理心在增加（因為精神疾病愈來愈普遍、透明化），當病人覺察到這股力量後，就會好得更快。

• 愈來愈多病人可接受長期晤談，甚至對於長達一～二年的晤談接受度高。

• 兒童治療的個案愈來愈多、也愈來愈棘手，因為父母的地位與權力漸漸高於學校，造成學校與父母態度不一致，父母常常抗拒學校的建議，對小孩的教養造成負面影響。

而在進入治療晤談的觀察與心得中，我也有幾點感慨：

• 通常個案都是在關係中（家庭或人際關係）的情緒代罪羔羊。許多來求診的病人都不是真正嚴重的病人，他其實是深受「家中病人」的牽連或影響，只是家中「那個人」自己不覺得需要就醫。

- 病人通常仍舊依賴權威與專業，但在心理師的帶領下，大多能透過專業協助獨立思考，找出適合自己的解決方法。
- 願意來治療的動機與次數成正比，也就是說若還沒準備好改變的人，會用種種理由逃避治療、人間蒸發。
- 願意來求助的個案不見得是需要吃藥的「病人」，更多的人是**從生命中看出一些困境，想要進一步尋求自我成長**，所以可用平等的地位和治療師討論，而非把對方當作權威者。
- 女性的自主、獨立議題持續抬頭，對「什麼是自己想要的生活」、「自己真正的需求」較有想法。
- 男性自尊的議題漸漸可被碰觸，願意來求助的男性，已在思考如何不受社會期待的影響、真正做自己。
- **世界上沒有典型的正常家庭與正常人。**

我常聽到求助者小心翼翼的問：「我這樣正不正常？應該很不正常吧？」總是讓我再次體會個案的掙扎與痛苦，感受心理重建之路漫長。我很慶幸能看見個案踏進診間、下定決心企圖改變，並試著與對方一起面對。我更深信，只要一直走，就會看見亮光。

全臺精神醫療機構（附設心理衡鑑與心理治療業務）一覽表

資料來源：衛生福利部服務資源手冊

【大臺北地區】

機構	地址	電話
臺北市立聯合醫院松德院區臨床心理科	臺北市信義區松德路309號	02-27263141
衛生福利部八里療養院臨床心理科	新北市八里區華富山33號	02-26101660
臺大醫院精神部	臺北市中正區中山南路7號	02-23970800
臺北榮民總醫院精神部	臺北市北投區石牌路二段201號	02-28712121
三軍總醫院精神醫學部	臺北市內湖區成功路二段325號	02-87923311
國軍北投醫院	臺北市北投區新民路60號	02-28959808
國軍松山醫院精神科	臺北市松山區健康路131號	02-27642151
振興復健醫學中心精神科	臺北市北投區振興街45號	02-28264400
長庚紀念醫院臺北門診中心精神科	臺北市松山區敦化北路	02-27135211
馬偕紀念醫院精神科	臺北市中山區中山北路二段92號	02-25433535
馬偕紀念醫院淡水分院精神科	新北市淡水區民生路45號	02-28094661
國泰綜合醫院精神科	臺北市內湖區內湖路二段360號8樓	02-27935887
臺北市立聯合醫院忠孝院區精神科	臺北市南港區同德路87號	02-27861288
臺北市立聯合醫院仁愛院區精神科	臺北市仁愛路四段10號	02-27093600
臺北市立聯合醫院和平院區精神科	臺北市中正區中華路二段33號	02-23889595
臺北市立聯合醫院中興院區精神科	臺北市大同區鄭州路145號	02-25523234
臺北市立聯合醫院陽明院區	臺北市士林區雨聲街105號	02-28353456
臺北市立聯合醫院婦幼院區兒童心智科	臺北市中正區福州街12號	02-23916471
臺北市立萬芳醫院精神科	臺北市文山區興隆路三段111號	02-29307930

【大臺北地區】

機構	地址	電話
臺北醫學大學附設醫院精神科	臺北市信義路吳興街252號	02-27372181
台安醫院心身醫學暨精神科	臺北市松山區八德路二段424號	02-27718151
新光醫院精神科	臺北市士林區文昌路95號	02-28332211
培靈醫院精神科	臺北市松山區八德路四段355號	02-27606116
中心診所	臺北市大安區忠孝東路四段77號	02-27510221
衛生福利部臺北醫院精神科	新北市新莊區思源路127號	02-22765566
新北市立三重醫院心理衛生中心	新北市三重區中山路2號	02-29869773
新北市立板橋醫院心理衛生中心	新北市新莊區光華街74號	02-22542454
亞東紀念醫院精神科	新北市板橋區南雅南路二段21號	02-29546200
耕莘醫院心理衛生科	新北市新店區中正路362號	02-22193391

【基隆宜蘭地區】

機構	地址	電話
衛生福利部基隆醫院精神科	基隆市信義區信二路268號	02-24292525
長庚紀念醫院基隆門診中心精神科	基隆市信義區麥金路222號	02-24313131
南光神經精神科醫院	基隆路安樂區基金一路91號	02-24310023
羅東博愛醫院精神科	宜蘭縣羅東鎮南昌街83號	03-9543131
羅東聖母醫院精神科	宜蘭縣羅東鎮中正南路160號	03-9544106
員山馬偕醫院精神醫學部	宜蘭縣員山鄉深溝村尚深路91號	03-9220292
宜蘭員山榮民醫院精神科	宜蘭縣員山鄉內城村榮光路386號	03-9222141

【桃竹苗地區】

機構	地址	電話
衛生福利部桃園療養院心理衛生科	桃園市龍壽街71號	03-3698553
長庚紀念醫院林口醫學中心精神科	桃園市龜山區復興街5號	03-3281200
國軍桃園醫院精神科	桃園市龍潭鄉中興路168號	03-4897190
桃園榮民醫院	桃園市成功路三段100號	03-3384889
壢新醫院	324桃園縣平鎮市廣泰路77號	03-4941234
衛生福利部新竹醫院精神科	新竹市經國路一段442巷25號	03-5326151
新竹榮民分院精神科	新竹縣竹東鎮中豐路一段81號	03-5962134
竹北東元綜合醫院	新竹縣竹北市縣政二路69號	03-5527000
湖口仁慈醫院精神醫學部	新竹縣湖口鄉忠孝路29號	035-993500
財團法人為恭紀念醫院東興院區精神醫療中心	苗栗縣頭份鎮水源路417巷13號	037-685569

【中彰雲投地區】

機構	地址	電話
臺中榮民總醫院精神部	臺中市西屯區臺灣大道四段1650號	04-23592525
衛生福利部臺中醫院精神科	臺中市西區三民路一段199號	04-22294411
中國醫藥學院附設醫院精神醫學部	臺中市北區育德路2號	04-22052121
澄清復健醫院身心內科	臺中市北屯區太原路三段1142號	04-22393855
臺中仁愛綜合醫院精神科	臺中市南屯區工學路123號3樓	04-24819900
臺中澄清醫院身心內科	臺中市中區平等街139號	04-24632000
臺中靜和醫院臨床心理科	臺中市西區南屯路一段156號	04-23711129
衛生福利部豐原醫院精神科	臺中市豐原區安康路100號	04-25271180

【中彰雲投地區】

機構	地址	電話
國軍臺中醫院精神科	臺中市太平區中山路二段348號	04-23934191
沙鹿童綜合醫院	臺中市沙鹿區成功西街8號	04-26626161
光田醫院沙鹿總院精神科	臺中市沙鹿區沙田路117號	04-26625111
李綜合醫院大甲分院精神科	臺中市大甲區平安里11鄰八德街2號	04-26862288
清海醫院	臺中市石岡區石岡街下坑巷41-2號	04-25721694
衛生福利部彰化醫院精神科	彰化市中山路二段160號	04-27225171
彰化基督教醫院精神科	彰化市南校街135號	04-7238595
明德神經精神科醫院	彰化市中山路二段874巷33號	04-7223138
臺大醫院雲林分院精神科	雲林縣斗六市雲林路二段579號	05-5323911
衛生福利部草屯療養院心理衛生科	南投縣草屯鎮玉屏路161號	049-2550800
埔里榮民醫院精神科	南投縣埔里鎮榮光路1號	049-2990833

【嘉南地區】

機構	地址	電話
衛生福利部嘉南療養院	臺南市仁德區裕忠路539號	06-2795019
衛生福利部朴子醫院精神科	嘉義縣朴子市永和里42-50號	05-3790600
嘉義榮民醫院精神科	嘉義市西區世貿路二段600號	05-2359630
灣橋榮民醫院精神科	嘉義縣竹崎鄉灣橋村石麻園38號	05-2791072
嘉義基督教醫院精神科	嘉義市忠孝路539號	05-2765041
天主教聖馬爾定醫院心理精神科	嘉義市民權路60號	05-2780040

【嘉南地區】

機構	地址	電話
成大醫院精神科	臺南市北區勝利路138號	06-2353535
衛生福利部臺南醫院精神科	臺南市中山路125號	06-2200055
臺南市立醫院精神科	臺南市崇德路670號	06-2609926
衛生福利部新營醫院精神科	臺南市新營區信義街73號	06-6351131
永康榮民醫院精神科	臺南市永康區復興路427號	06-3125101
臺南仁愛之家精神療養院	臺南市新化區中山路20號	06-5902336
奇美醫院神經內科	臺南市永康區中華路901號	06-2812811
奇美醫院臺南分院精神科	臺南市南區樹林街二段442號	06-2228116
新樓醫院兒童身心發展中心	臺南市東區東門路一段57號	06-2748316

【高屏地區】

機構	地址	電話
高雄市凱旋醫院心理衛牛科	高雄市苓雅區凱旋二路130號	07-7513171
高雄市小港醫院精神科	高雄市小港區山明路482號	07-8036783
高雄榮民總醫院精神科	高雄市左營區大中一路386號	07-3422121
高雄醫學大學附設中和醫院精神科	高雄市三民區自由一路100號	07-3121101
長庚紀念醫院高雄醫學中心精神科	高雄市鳥松區大埤路123號	07-7317123
國軍高雄醫院精神科	高雄市苓雅區中正一路2號	07-7496751
國軍左營醫院精神科	高雄市左營區軍校路553號	07-5817121
樂安醫院	高雄市岡山區通校路300號	07-6256791
衛生福利部屏東醫院精神科	屏東市自由路270號	08-7363011

【高屏地區】

機構	地址	電話
屏東龍泉榮民醫院精神科	屏東縣內埔鄉龍潭村昭勝路安平1巷1號	08-7704115
屏東基督教醫院	屏東縣屏東市大連路60號	08-7368686

【花東地區】

機構	地址	電話
衛生福利部花蓮醫院精神科	花蓮市中正路600號	03-8358141
國軍花蓮醫院身心醫學科	花蓮縣新城鄉嘉里路163號	03-8260601
佛教慈濟綜合醫院身心醫學科	花蓮市中央路三段707號	03-8561825
衛生福利部玉里醫院心理衛生科	花蓮縣玉里鎮中華路448號	03-8886141
玉里榮民醫院臨床心理科	花蓮縣玉里鎮新興街91號	03-8883141
鳳林榮民醫院精神科	花蓮縣鳳林鎮中正路一段2號	03-8764539
馬偕紀念醫院臺東分院精神科	臺東市長沙街303巷1號	089-310150

國家圖書館出版品預行編目 (CIP) 資料

好想找人說說話：與臨床心理師的話療之旅／南琦著 .
-- 初版 . -- 臺北市：遠流，2017.12
240 面；14.8×21 公分 . --（大眾心理館；346）

ISBN 978-957-32-8161-0（平裝）

1. 心理治療　2. 心理諮商

178.8　　106020226

大眾心理館 346
好想找人說說話：與臨床心理師的話療之旅
作　　者／南　琦
副總編輯／陳莉苓
資深編輯／李志煌
文字協力／周琳霓
行銷企畫／陳秋雯
封面設計／王信中
內頁排版／江慧雯

發行人／王榮文
出版發行／遠流出版事業股份有限公司
100 臺北市南昌路二段 81 號 6 樓
郵撥／ 0189456-1
電話／ 2392-6899　傳真／ 2392-6658
著作權顧問／蕭雄淋律師

2017 年 12 月 1 日 初版一刷
售價新臺幣 300 元（缺頁或破損的書，請寄回更換）

ISBN　978-957-32-8161-0

遠流博識網
http://www.ylib.com　E-mail:ylib@ylib.com